浙江省中等职业教育示范校建设课程改革创新教材

网络营销

张红梁　钟　航　主编
谢光奇　副主编

科学出版社
北　京

内 容 简 介

本书以“学以致用，做学合一”为编写指导思想，采用项目—任务式结构编写，由浅入深、循序渐进地介绍了网络营销的理论知识和技能，主要内容包括网络营销基础知识、淘宝营销推广基础知识、网络营销环境及其对策、网络营销产品策略、网络营销价格策略、网络营销渠道策略、网络促销策略及网络营销综合实战。

本书可供中等职业学校电子商务、市场营销等相关专业教学使用，也可作为网络营销从业人员的培训用书。

图书在版编目(CIP)数据

网络营销/张红梁，钟航主编. —北京：科学出版社，2018

（浙江省中等职业教育示范校建设课程改革创新教材）

ISBN 978-7-03-056512-9

Ⅰ. ①网… Ⅱ. ①张… ②钟… Ⅲ. ①网络营销-中等专业学校-教材 Ⅳ. ①F713.365.2

中国版本图书馆 CIP 数据核字（2018）第 021499 号

责任编辑：韩 东 王会明 / 责任校对：陶丽荣
责任印制：吕春珉 / 封面设计：东方人华平面设计部

科学出版社 出版
北京东黄城根北街 16 号
邮政编码：100717
http://www.sciencep.com
新科印刷有限公司印刷
科学出版社发行 各地新华书店经销
*
2018 年 2 月第 一 版 开本：787×1092 1/16
2021 年 7 月第三次印刷 印张：6 1/4
字数：147 000

定价：22.00 元

（如有印装质量问题，我社负责调换〈新科〉）
销售部电话 010-62136230 编辑部电话 010-62135397-2008

浙江省中等职业教育示范校建设课程
改革创新教材编委会

前言 Preface

网络营销是以互联网为基础，利用数字化的信息和网络媒体的交互性来辅助营销目标实现的一种新型的市场营销方式，具有较强的实践性。随着网络的普及和快速发展，企业对网络营销日益重视，对网络营销人才需求旺盛，但网络营销专业人才却严重缺乏，一方面表现为人才数量的极度稀少，另一方面表现为在岗人员的技能严重不足。为此，编者根据中等职业学校电子商务专业网络营销课程的标准，以学生未来就业岗位或创业要求的技能培养为宗旨编写了本书。

本书充分体现任务引领、实践导向的课程设计思想，突出职业教育“学以致用、做学合一”的鲜明特色，本着“以生为本、激发兴趣、重在实践”的主旨，体现出以下特点。

1. 体现职业特色，突出网络营销的实用性

网络营销是一门实践性很强的课程，编者在了解社会对中等职业学校网络营销人才需求特点的基础上，编写时尽可能地体现课程的实用性。书中每个项目均以任务驱动，旨在培养学生的实践能力，让学生在实践中加深对知识的理解和技能的应用。

2. 内容编排形式新颖

本书采用项目-任务式体例，分为认识网络营销和体验网络营销两个模块共八个项目，每个项目包含若干个任务，每个任务又包括任务要求、任务情景、任务实践、知识解读、任务思考（或任务拓展）等板块，每个项目中还设置了“小案例”等栏目。每个项目后的“项目评价”板块中设置了学习评价表，用以加深学生对理论知识及技能的掌握和巩固。

本书由兰溪市职业中等专业学校张红梁、钟航担任主编，谢光奇担任副主编。具体的编写分工如下：赵小琳编写项目一，王煊萍编写项目二，朱燕姣编写项目三，陈立编写项目四，高思怡编写项目五，吴笑航编写项目六，章玉宸编写项目七，钟航编写项目八，张红梁、谢光奇负责全书整体框架的策划和最后的统稿工作。同时，编者在编写本书的过程中参阅了大量相关书籍及网络资料，在此向这些资料的作者表示感谢。

由于编者的水平有限，加之时间仓促，书中难免存在不足之处，敬请广大读者批评指正。

目录 Contents

模块一　认识网络营销

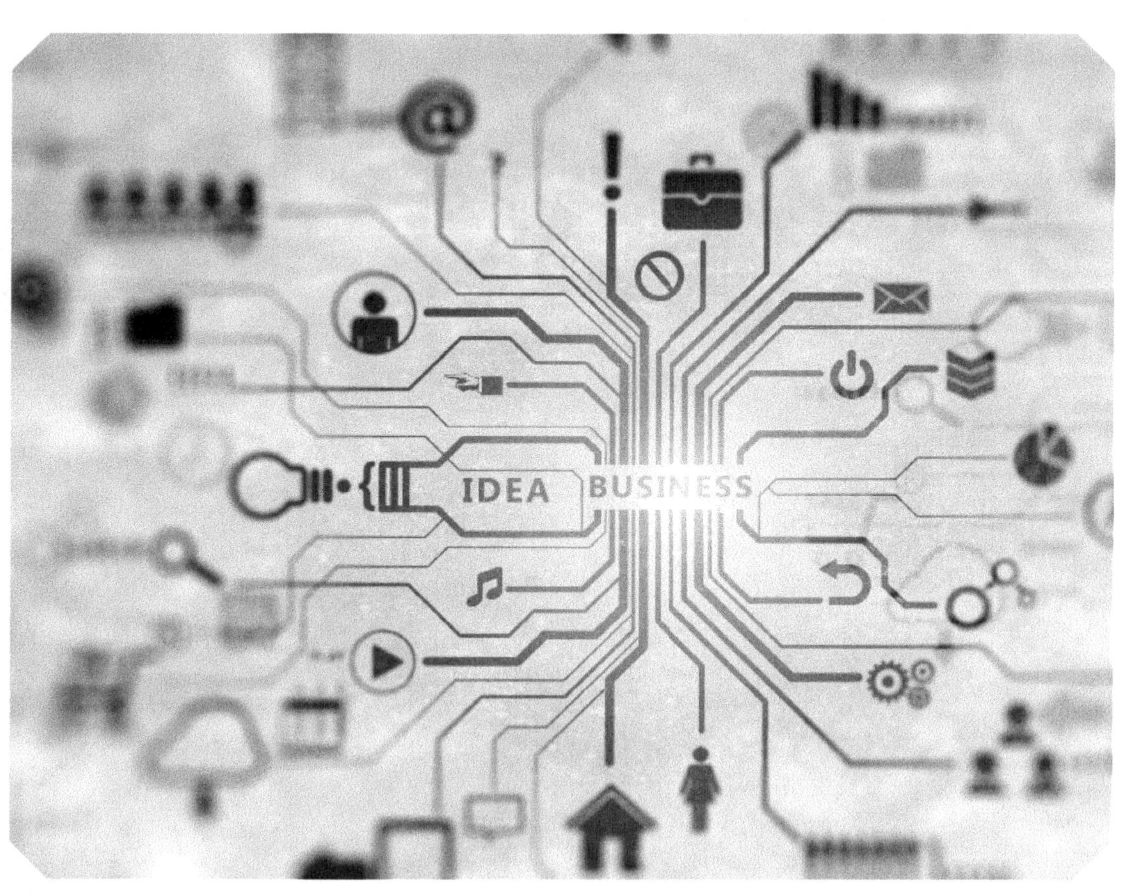

项目一　网络营销基础知识

教学目的和要求

1. 掌握网络营销的基本概念。
2. 了解网络营销的产生和发展。
3. 了解网络营销发展的新模式。
4. 理解网络营销对传统营销的整合。
5. 熟悉网络营销的功能。

教学重点和难点

1. 网络营销的概念和内涵。
2. 网络营销与传统营销的关系。
3. 网络营销的功能。

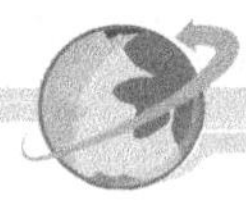

任务一 初识网络营销

任务要求

熟知网络营销的基本知识。

任务情景

小吴所在的公司是一家生产休闲食品的小型传统企业。小吴在公司做了两年的营销员，面对激烈的市场竞争，他感到压力越来越大。经常上网娱乐的小吴从中认识到了网络销售的优势，产生了向经理建议开展网络营销的念头。但是他对网络营销知识知之甚少，他该如何说服经理呢？

任务实践

小吴认为要说服经理开展网络营销，首先应该寻找开展网络营销比较成功的典型案例供经理参考，然后从大的方面向经理介绍全国知名企业开展网络营销的情况，以此引出网络营销的概念、产生与发展，以及对传统营销的影响等。具体步骤如下。

1）小吴通过搜索引擎查找当前知名的网上商城。

2）根据搜索结果，小吴进行了分析和整理，具体如表 1-1 所示。

表 1-1 知名网上商城

名称	简介	网址
淘宝	在中国深受欢迎的网购零售平台，截至 2017 年，保守估计，已有超过 8 亿的注册用户数，每天有超过 6000 万的固定访客，在线商品数超过 8 亿件	www.taobao.com
京东	全国最大的自营式电商企业，是以数码电子产品为主打的综合类购物商城，2017 年上半年在中国自营式 B2C 电商市场的占有率为 24.5%	www.jd.com
亚马逊	亚马逊中国官网成立于 2000 年，是老牌综合类网络零售商，在保证正品的情况下，商品有相当数量的打折优惠，经营图书、音像制品、数码产品、首饰产品等	www.amazon.cn
当当	以线上图书销售为主打的综合性网上购物商城，线上图书占有率在 50%以上，超过市场占有率的 43.5%；图书订单转化率高达 25%，远远高于行业平均的 7%	www.dangdang.com
苏宁易购	新一代 B2C 网上购物平台，现已覆盖传统家电、3C 电器、日用百货等品类。2011 年，苏宁易购强化虚拟网络与实体店面的同步发展，不断提升网络市场份额	www.suning.com
国美在线	采用“B2C+实体店”的电子商务运营模式，主营各类家用电器产品，荣获“中国企业 500 强”称号	www.gome.com.cn
拉手网	于 2010 年 3 月 18 日在北京正式上线，是全球首家团购与位置服务相结合的社会化网站。每天推出一款超低价精品团购，使参加团购的用户以极具诱惑力的折扣价格享受优质服务	www.lashou.com
一号店	2008 年正式上线，开创了中国电子商务行业“网上超市”的先河，让消费者享受无忧的网上购物体验	www.yhd.com

续表

名称	简介	网址
美团网	凭借“美团一次，美一次”的宣传口号，为消费者发现最值得信赖的商家，让消费者享受超低折扣的优质服务	www.meituan.com
唯品会	一家专门做特卖的网站，网站每天 10 点上新商品，包括女装、男装、美妆、母婴、居家用品等，确保正品、特价、限量抢购	www.vip.com
聚美优品	一家化妆品限时特卖商城，其前身为团美网；首创“化妆品团购”模式，每天在网站推荐十几款热门化妆品	bj.jumei.com

这些大型的网上商城可以每天 24 小时向全球各地的顾客提供产品咨询、促销活动、技术支持和各种互动服务等。

3）小吴通过搜索引擎查找了网络营销的概念、产生与发展等相关知识。

知 识 解 读

一、网络营销的概念

网络营销就是以国际互联网为媒体，利用数字化信息和网络媒体的交互性来辅助企业实现营销目标的一种新型市场营销方式。简单来说，网络营销就是企业以互联网为主要手段，为达到一定营销目的而进行的营销活动。

网络营销的概念可以从广义和狭义两个方面来分析。从广义上来说，凡以互联网为主要手段，为达到一定营销目标而进行的营销活动，都可称作网络营销（或网上营销）。也就是说，网络营销贯穿于企业开展网上经营活动的整个过程，包括信息发布、信息收集及开展网上交易等。

从狭义上来说，网络营销是企业整体营销战略的一个组成部分，是利用互联网技术，最大程度地满足客户需求，以达到开拓市场、实现盈利目标的经营过程。该过程由市场调查、客户分析、产品开发、销售策略和信息反馈等环节组成。网络营销与网上销售密切相关，但网络营销并不等于网上销售，首先它不涉及支付和送货，但也不仅仅是在网上做广告。

根据以上叙述，可以从以下几个方面来理解网络营销。

1）网络营销建立在传统营销的理论基础上。因为网络营销是企业整体营销战略的一个组成部分，网络营销活动不可能脱离一般营销环境而独立存在，网络营销理论是传统营销理论在互联网环境中的应用和发展。

2）网络营销以计算机网络技术为手段，利用互联网开拓市场并满足客户需要。

3）网络营销不仅仅局限于网上活动。尽管互联网已经非常普及，上网人数众多，但在浩如烟海的网络信息中，用户很难留意到某一企业的网络广告，企业的网络曝光时间短，成本高。因此，一个完整的营销方案，除了在网上做推广之外，还很有必要结合传统营销方法进行线下推广，也就是我们常说的 O2O（online to offline，在线离线/线上到线下）模式。

4）网络营销不是网上销售。网上销售是网络营销发展到一定阶段的产物，而网络营销是为实现产品销售而进行的营销活动，二者不能等同。

5）网络营销不等于电子商务。网络营销本身并不是一个完整的商业交易过程，只是促

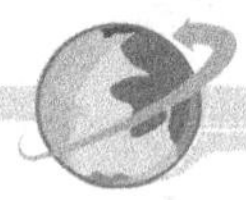

进商业交易的一种手段。

综上所述，网络营销的本质就是客户的需求管理过程（包括分析客户、吸引客户及满足客户需求等环节）。

除此之外，认识网络营销概念，还应注意以下几点。

其一，因为网络营销的效果可能表现在多个方面，如企业品牌价值的提升，加强与客户之间的沟通，作为一种对外发布信息的工具，网络营销活动并不一定能实现网上直接销售的目的，但是很可能有利于增加销售。

其二，网上销售的推广手段也不仅仅靠网络营销，往往还要采取许多传统的方式，如利用传统媒体广告、发布新闻、印发宣传册等。

二、网络营销的产生和发展

网络营销的产生是科技发展、消费者价值变革、商业竞争等综合因素促成的。

（一）网络营销产生的技术基础——现代电子技术和通信技术

网络营销的产生，得益于20世纪90年代互联网的飞速发展。特别是90年代中期，互联网的商业应用得到了飞速的发展，使互联网的商用潜力被挖掘出来，显现出巨大的威力和发展前景。在这种背景下，企业充分利用网络技术，以促进自身的快速发展。世界各大公司纷纷利用网络提供信息服务和扩展业务范围，积极改组企业内部结构和探索新的管理营销方法。

市场营销是以交换的方式满足人们需求和欲望的综合性的活动过程，包括市场调研、消费者行为分析、产品服务构想、定价、促销和分销等，而网络营销以互联网为载体，则能在更有效地满足消费需求的同时达到企业目标。

网络营销的发展是伴随信息技术的发展而发展的。目前信息技术的发展，特别是通信技术的发展，促使网络成为一个辐射面更广、交互性更强的媒体。它不再局限于传统的广播、电视等媒体的单向传播，而是可以与媒体的接收者进行实时的交互式沟通和联系。随着入网用户成指数倍数增加，网络的效益也随之以更大的指数倍数增加。随着互联网环境的改善，我国的网上市场已成为一个新兴的潜力巨大的市场。如何在潜力如此巨大的市场上开展网络营销、占领新兴市场，对企业来说是一个新的课题，也是一种挑战。

（二）网络营销产生的观念基础——消费者价值观念的变革

1. 当代消费者心理变化趋势和特征

（1）个性消费的回归

在过去相当长的一个历史时期内，工商业都是将消费者作为单独个体进行服务的。在这一时期，个性消费是主流。到了近代，一方面，工业化和标准化的生产方式使消费者的个性被淹没于大量低成本、单一化的产品洪流；另一方面，在短缺经济或近乎垄断的市场中，消费者可以挑选的产品本来就少，因而个性不得不被压抑。但当市场经济发展到今天，多数产品无论在数量还是品种上都已极为丰富，消费者能够以个人心理愿望为基础挑选和购买商品与服务。更进一步，他们不仅能做出选择，而且渴望选择。从理论上讲，没有任

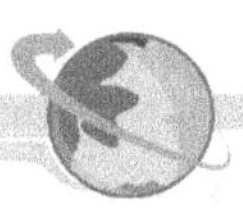

何两个消费者的心理是完全一样的，每个消费者都是一个细分市场。心理上的认同感已成为消费者做出购买品牌和产品决策的先决条件，个性化消费正在也必将再度成为消费的主流。

（2）消费主动性增强

在社会分工日益细分化和专业化的趋势下，消费者对购买的风险感随选择的增多而上升，并且对单向的“填鸭式”营销沟通感到厌倦和不信任。特别是在购买大件消费品上，消费者会主动通过各种可能途径取得与商品有关的信息并进行比较。这些分析也许不够充分和准确，但消费者却可从中获得心理上的平衡，以减轻风险感或减少购买后产生后悔感的可能性，增加对产品的信任度和争取心理上的满足感。消费主动性的增强来源于现代社会不确定性的增加及人类追求心理稳定和平衡的欲望。

（3）对购买方便性的需求与购物乐趣的追求并存

1）方便性。特别是工作压力大、紧张度高的消费者，购物时追求选择和购买的方便性。

2）购物乐趣。由于劳动生产率的提高，人们可自由支配的时间增加，一些自由职业者或家庭主妇通过购物寻找生活乐趣，保持与社会的联系，减少生活孤独感，当然前提是购物能为他们带来乐趣，能满足他们的心理需求。

这两种相反的心理将会在今后较长时间内并存发展。

（4）价格仍然是影响消费者心理的重要因素

虽然营销工作者倾向于以各种差别化减弱消费者价格的敏感度，避免恶性价格战，但价格始终对消费心理有重要影响。例如，一些拥有技术、质量和服务优势的企业最后也加入价格竞争行列，为市场占有率而战。这说明即使在当代发达的营销技术面前，价格的作用仍旧不可忽视，只要价格降幅超过消费者的心理界限，消费者就有可能改变既定的购物原则。

2. 网络营销的心理优势和吸引力

（1）网络营销是一种以消费者为导向，强调个性化的营销方式

网络营销的最大特点在于以消费者为导向。消费者将拥有比过去更大的选择自由，他们可根据自己的个性特点和需求在全球范围内找寻商品，不受地域限制。通过进入感兴趣的企业网址或虚拟商店，消费者可获取产品的更多相关信息，使购物更显个性。

这种个性消费的发展将促使企业重新考虑其营销战略，以消费者的个性需求作为提供产品及服务的出发点。此外，随着计算机辅助设计、人工智能、遥感和遥控技术的进步，现代企业将具备以较低成本进行多品种小批量生产的能力，这一能力的增强为个性营销奠定了基础。但要真正实现个性营销还必须解决庞大的促销费用问题。网络营销的出现为这一问题提供了可行的解决途径。企业的各种销售信息在网络上将以数字化形式存在，可以以低成本发送，并能随时根据需要进行修改，庞大的促销费用因而得以节省。企业也可以根据消费者反馈的信息和要求通过自动服务系统提供特别服务。

（2）网络营销具有极强的互动性，是实现全程营销的理想工具

传统的营销管理强调 4P［产品（product）、价格（price）、渠道（place）、促销（promotion）

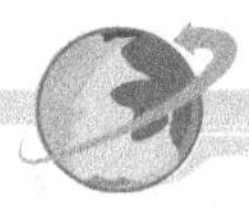

组合，现代营销管理则追求4C［消费者（customer）、成本（cost）、便利（convenience）、沟通（communication）］，然而无论哪一种观念都必须基于这样一个前提：企业必须实行全程营销或沟通，即必须在产品的设计阶段就开始充分考虑消费者的需求和意愿。

但在实际操作中这一点往往难以做到，原因在于消费者与企业之间缺乏合适的沟通渠道或沟通桥梁。消费者一般只能针对现有产品提出建议或批评，对还处于概念阶段的产品则难以涉足。此外，大多数的中小企业也缺乏足够的资本用于了解消费者的各种潜在需求，它们只能凭自身能力或参照市场领导者的策略进行产品开发。而在网络环境下，这一状况将有所改观。即使是中小企业也可通过电子公告栏、新闻组和电子邮件等方式，以及低成本在营销的全过程中对消费者进行及时的信息收集，消费者就有机会对产品从设计到定价的服务等一系列问题发表意见。这种双向互动的沟通方式提高了消费者的参与性和积极性，更重要的是它能使企业的营销决策有的放矢，从根本上提高消费者的满意度。

（3）网络营销能满足消费者对购物方便性的需求，提高消费者购物效率

现代化的生活节奏已使消费者用于到商店购物的时间越来越短。在传统的购物方式中，从商品买卖过程来看，一般需要经过看样、选择商品、确定所需购买的商品、付款结算、包装商品和取货（或送货）等一系列过程。这个买卖过程大多数是在售货地点完成的，短则几分钟，长则数小时，加上去购物场所的路途时间、购买后的返途时间及在购买地的逗留时间，无疑大大延长了商品的买卖过程，使消费者为购买商品而付出很多的时间和精力。同时，拥挤的交通和日益扩大的店面更延长了消费者购物所耗费的时间和精力。然而，在现代社会，随着生活节奏的加快，人们越来越珍惜闲暇时间，越来越希望在闲暇时间从事一些有益于身心的活动，并充分地享受生活。在这种情况下，人们用于外出购物的时间越来越少。

基于人们的这种购物需求，网络营销应运而生。网络营销能简化购物环节，节省消费者的时间和精力，将购买过程中的麻烦减少到最小。

（4）网络营销能满足价格重视型消费者的需求

网络营销能为企业节省巨额的促销和流通费用，使产品成本和价格的降低成为可能。因而消费者可在全球范围内找寻最优惠价格，甚至可绕过中间商直接向生产者订货，因而能以更低的价格实现购买。

消费者迫切需要新的快速方便的购物方式和服务，以最大限度地满足自身需求。消费者价值观的这种变革，呼唤着网络营销的产生，而网络营销也在一定程度上满足了消费者的这种需求。通过网上购物，消费者便可"闭门家中坐，货从网上来"。

（三）网络营销产生的现实基础——商业竞争的日益激烈化

随着市场竞争的日益激烈化，为了在竞争中占优势，各企业都想方设法吸引顾客。市场竞争已不再依靠表层的营销手段的竞争，更深层次的经营组织形式上的竞争已经开始。经营者迫切渴望变革，以尽可能地降低商品在从生产到销售的整个供应链上所占用的成本和费用比例，缩短运作周期。

网络营销恰好能充分满足经营者求变的要求。开展网络营销，可以节约大量昂贵的店

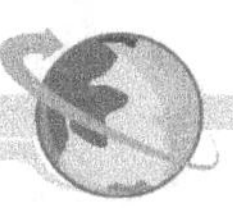

面租金，减少库存商品资金占用，使经营规模不受场地限制，便于采集客户信息等，这些都使企业经营的成本和费用降低，运作周期变短，从根本上增强企业的竞争优势，增加盈利。

三、网络营销与传统营销

（一）网络营销与传统营销的关系

1. 网络营销是对传统营销的发展

网络营销作为新生事物，是在传统营销的基础上发展起来的，因此与传统营销有着千丝万缕的联系。网络营销并不是孤立的，在很多情况下，网络营销理论是传统营销理论在网络环境下的应用和发展，满足需求和顾客满意仍然是网络营销必须遵循的核心原则，但网络营销根据网络和消费者的特点发展了自己的理论体系。

2. 网络营销不可能完全替代传统营销

网络营销作为新的营销理念和策略，凭借互联网的特性对传统经营方式产生了巨大的冲击，但这并不代表网络营销将完全取代传统营销。网络营销与传统营销是一个整合的过程，这是因为：

首先，互联网作为新兴的虚拟市场，它覆盖的群体只是整个市场中的某一部分群体，还有很多群体由于各种原因不能或者不愿意使用互联网，如老年人和落后国家或地区的人们，而传统的营销策略和手段则可以覆盖这部分群体。

其次，互联网作为一种有效的渠道虽然有着自己的特点和优势，但仍有许多消费者由于个人生活方式而不愿意接受或者使用这种新的沟通方式和营销渠道，如许多消费者不愿意在网上购物，而习惯在商场一边购物一边休闲。

再次，互联网作为一种有效沟通方式，可以方便企业与用户之间直接双向沟通，但消费者有着自己个人偏好和习惯，愿意选择传统方式进行沟通。例如，报纸有网上电子版本后，非但没有冲击原来的纸张印刷出版业务，相反，二者还起到了相互促进的作用。

最后，互联网只是一种工具，营销面对的是有灵性的人，因此一些以人为主的传统营销策略所具有的独特的亲和力是网络营销所不具备的，从而网络营销也无法替代这些传统的营销方式。随着技术的发展，互联网将逐步克服上述不足，在很长一段时间内，网络营销与传统营销将相互影响、相互促进，终将实现融洽的内在统一。

网络营销与传统营销是相互促进和补充的，企业在进行营销时应根据企业的经营目标和细分市场，整合网络营销和传统营销策略，以最低成本达到最佳的营销目标。

（二）网络营销对传统营销的冲击

1. 对传统的产品、品牌策略的冲击

首先，网络营销对传统的标准化产品营销带来冲击。企业利用网络新型媒体，可以在全球范围内进行市场调研，通过网络，厂商可以迅速获得关于产品概念和广告效果测试的

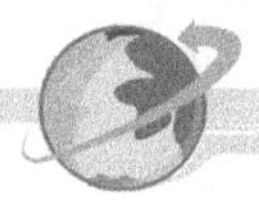

反馈信息，也可以测试客户的认同水平，从而更加容易地对消费者行为方式和偏好进行跟踪。因而，在网络营销环境下，厂商可以为不同的消费者提供不同的商品。

小案例

亚马逊把即将出版的图书的某些章节等做成不同语种的样品上传到互联网上，以便全球范围的访问者品读。样品书中包含与作者及其他相关材料有关的信息，当访问者在品读样品书之后产生对本书的需求时，就可将材料翻译成访问者的本地语言以符合其本地化的需求。这种客户化方式的驱动力来自最终消费者，而非国外分销商的兴趣。同时，互联网的新型沟通能力又加速了这种趋势。因此，怎样更有效地满足各种个性化的需求，是每个实施网络营销的企业都面临的一大难题。

其次，网络营销对品牌全球化管理带来冲击。与现实企业的单一品牌与多品牌决策相同，实施网络营销的企业面临的一个主要挑战是如何以全球品牌和共同的名称或标志进行管理。一方面，如果只有一个品牌的公司允许其地方性机构根据需要发展自己的有本地特点的区域品牌，当多个有本地特点的区域品牌分别以不同的格式、形象、信息和内容进行沟通时，虽然给消费者带来了某种程度的便利，但也会引起他们的困惑。另一方面，如果为所有区域品牌设置统一品牌形象，虽然可以利用知名品牌的信誉带动相关产品的销售，但也可能由于某种品牌的失利导致全局受损。因此，是实行统一形象品牌策略还是实行有本地特点的区域品牌，以及如何加强区域管理是实施网络营销的企业面临的现实问题。

2. 对传统定价策略的影响

如果某产品的价格标准不统一或经常改变，顾客将会通过互联网认识到这种价格差异，并可能因此产生不满。互联网的先进的网络浏览功能会使变化不定且存在差异的价格水平趋于一致。这将对分销商分布在海外并在各地采取不同价格的公司产生巨大的冲击。另外，通过互联网搜索特写产品的代理商也将认识到这种价格差别，从而加剧了价格歧视的不良影响。总之，这些因素都表明互联网将导致国际上价格水平标准化或至少缩小国别间的价格差别。这对于执行差别化定价策略的公司来讲不能不说是一个严重的问题。

3. 对传统营销渠道的冲击

通过互联网，生产商可与最终用户直接联系，中间商的重要性因此有所降低。这将造成两种后果：一是由跨国公司所建立的传统的国际分销网络对小竞争者造成的进入障碍明显降低。二是对于目前直接通过互联网进行产品销售的生产商来说，其售后服务工作是由各分销商承担的，但随着他们代理销售的利润的消失，分销商将很有可能不再承担这些工作。所以在不破坏现有渠道的情况下，如何提供这些服务将是这些实施网络营销的企业不得不面对的又一问题。

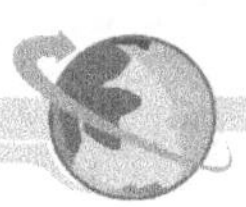

4. 对传统广告障碍的消除

传统的营销中，不管是无差异策略还是差异化策略，其目标市场的选择都是针对某一特定的消费群。但是从理论上来讲，没有任何两个消费者是完全相同的。因此，每一个消费者都是一个目标市场。网络营销的出现，使大规模目标市场向个人目标市场转化成为可能。通过网络，企业可以收集大量信息来反映消费者的不同需求，从而使企业的产品更能满足顾客的个性化需求。

首先，相对于传统媒体来说，由于网络空间具有无限扩展性，因此在网络上做广告可以较少地受到空间篇幅的限制，尽可能地将必要的信息一一罗列出现。

其次，迅速提高的广告效率也为网上企业创造了便利条件。例如，有些公司可以根据其注册用户的购买行为很快地改变向访问者发送的广告；有些公司可根据访问者的特性，如硬件平台、域名或访问时搜索主题等有选择地显示其广告。

5. 对传统营销方式的冲击

随着网络技术迅速向宽带化、智能化、个人化方向发展，用户可以在更广阔的领域内实现声、图、像、文一体化的多维信息共享和人机互动。网络技术的“个人化”把“服务到家”推向了“服务到个人”。正是这种发展使传统营销方式发生了革命性的变化，它将导致大众市场的逐步终结，并逐步体现市场的个性化，最终应以每一个用户的需求来组织生产和销售。

小案例

当当由国内著名出版机构科文公司、美国老虎基金、美国 IDG 集团、卢森堡剑桥集团、亚洲创业投资基金（原名软银中国创业基金）共同投资成立。1999 年 11 月，当当正式开通。成立以来，当当一直保持高速度成长，每年成长率均超过 100%。当当在线销售的商品包括家居百货、化妆品、数码、图书、音像等几十个大类，近百万种商品，在库图书超过 40 万种。目前，当当有超过 4000 万的注册用户，遍及全国 32 个省、自治区和直辖市，每天有上万人在当当购物，每月约有 2000 万人在当当浏览各类信息。当当提供货到付款和多种线上支付方式，可上门退货、当面退款。其自动智能比价系统，保证所售商品价格物超所值，为顾客提供网上购物的高品质体验。在短短的几年内，当当能取得如此大的成功，原因是多方面的，尤其其提供的个性化服务功不可没。

（三）网络营销相比传统营销的创新

网络营销的企业竞争是以客户为焦点的竞争，与传统营销方式相比有很多创新。

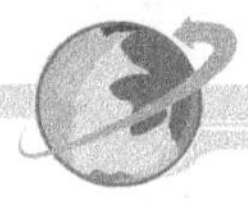

1. 客户关系

与传统营销方式不同，网络营销重新塑造了客户关系。在网络环境下，公司如何与散布在全球各地的客户群保持紧密联系并能掌握客户的特性，再通过对客户的教育和对企业形象的塑造，建立客户对于虚拟企业与网络营销的信任感，这些都是网络营销成功的关键。因此，网络营销在客户关系方面与传统的营销方式是不同的，网络营销是以客户相关知识为中心、以获取客户的终身价值为目标的。

2. 营销战略

互联网具有的平等、自由等特征使企业间的竞争变得透明，人人都可以掌握竞争对手的产品信息与营销方式，这对中小企业非常有利，但抵销了跨国公司规模经济的优势。在互联网环境下，营销战略的模式是建立企业间的合作联盟，并以联盟所形成的资源规模创造优势，以联盟所形成的供需链参与竞争，很显然，这种战略对企业的那种“单打独斗”的营销战略产生了冲击。

3. 跨国经营

在网络时代，企业开展跨国经营是必要的。在过去分工经营的时代，企业只需专注于本业与本地的市场，而将其国外的市场委托给代理商或贸易商去经营。但互联网所具有的跨时空连接全球的功能，使得进行全球营销的成本核算低于地区营销，因此企业将不得不进入跨国经营的时代。

4. 对营销组织的影响

互联网带动企业内部网（Intranet）的蓬勃发展，使得企业内外部沟通与经营管理均需要依赖网络作为主要的渠道与信息源。其结果对企业所带来的影响包括业务人员与直销人员减少、组织层次减少，以及虚拟部门、虚拟企业等的盛行。企业内部网的兴起，改变了企业内部作业方式及员工学习成长的方式，个人工作室的独立性与专业性将进一步提升。因此，个人工作室、在家上班、弹性上班、委托外包、分享业务资源等组织形式，在未来将会十分普遍，也使企业组织重整成为必要。这些影响要求企业对组织按照业务的要求进行重组，以使组织符合网络营销发展的要求。

（四）网络营销与传统营销的整合

网络营销对传统营销产生了冲击，而且网络营销将是市场营销的主要形式，但这并不意味着网络营销将取代传统营销。在产生冲击的同时，网络营销与传统营销将有一个整合的过程。整合有以下三个方面的含义。

第一，统一性。企业向消费者传递统一的营销资讯，消费者无论从哪种媒体获得的信息都是相同的、一致的，其目的是动用和协调各种不同的传播手段，使其发挥出最佳、最集中统一的作用，最终实现在企业与消费者之间建立长期的、双向的和维系不散的关系。

第二，互动性。消费者可以与公司展开交流，迅速、准确和个性化地获得信息和反馈信息，将消费者整合到营销的全过程中来，实现企业与消费者的互动。如果说传统营销的

座右铭是“消费者请注意”，那么整合营销所倡导的格言则是“请消费者注意”，从词汇位置的变化可以看出在经营过程中消费者的地位发生了根本性的改变，营销策略已从消极、被动地适应消费者向积极、主动地与消费者沟通、交流转变。

第三，目标营销。企业的一切营销活动都应围绕企业目标来进行，实现全程营销。网络营销还需要将传统营销的 4P 理论和网络营销的 4C 理论整合，逐步实现以 4C 理论为基础的网络营销理论。

任务思考

1）如何正确认识网络营销？

2）网络营销对传统营销的冲击主要表现在哪些方面？

任务二　了解网络营销的功能

任务要求

了解网络营销的功能。

任务情景

小吴为了让经理更加深入地了解网络销售，以及为下一步开展网络营销做足准备，他拟详细了解网络营销的功能，并将相关资料整理后呈送给经理。

任务实践

1）小吴利用搜索引擎搜索关键词“网络营销的特点”，搜索结果如图 1-1 所示。

2）小吴对搜索结果进行收集整理。

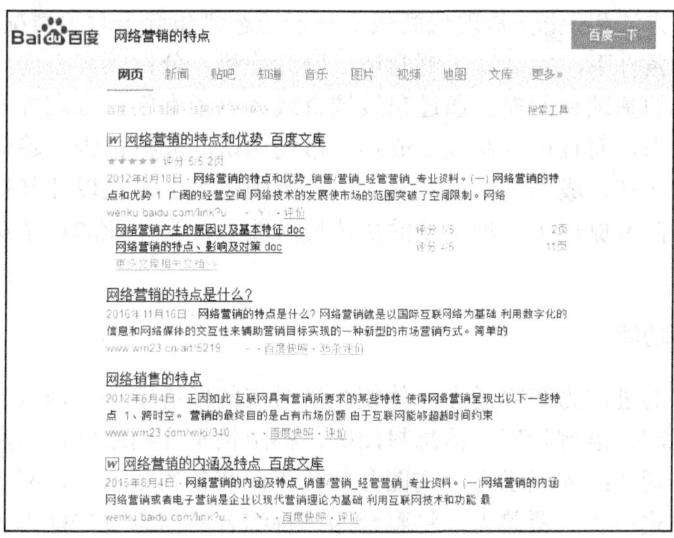

图 1-1　“网络营销的特点”搜索结果

知识解读

认识和理解网络营销的功能和作用，是利用网络营销功能的基础和前提。网络营销的功能很多，主要有以下几种。

一、信息搜索功能

信息搜索功能是网络营销进击能力的一种反映。在网络营销中，利用多种搜索方法，主动、积极地获取有用的信息和商机；主动地进行价格比较，主动地了解对手的竞争态势，主动地通过搜索获取商业情报，进行决策研究。搜索功能已经成为营销主体能动性的一种表现，一种提升网络经营能力的进击手段和竞争手段。随着信息搜索功能由单一向集群化、智能化发展，以及向定向邮件搜索技术延伸，网络搜索的商业价值得到了进一步的扩展和发挥，寻找网上营销目标将成为一件易事。

二、信息发布功能

发布信息是网络营销的主要方法之一，也是网络营销的一种基本职能。无论哪种营销方式，都要将一定的信息传递给目标人群。但是网络营销所具有的强大信息发布功能，是以往其他营销方式所无法比拟的。网络营销可以把信息发布到全球任何一个地点，既可以实现信息的广覆盖，又可以形成地毯式的信息发布链；既可以创造信息的轰动效应，又可以发布隐含信息。信息的扩散范围、停留时间、表现形式、延伸效果、公关能力、穿透能力等都是最佳的。更加值得提出的是，在网络营销中，发布网上信息以后，企业可以能动地进行跟踪，获得回复，可以进行回复后的再交流和再沟通。因此，利用网络营销进行信息发布的效果明显。

三、商情调查功能

网络营销中的商情调查具有重要的商业价值。对市场和商情的准确把握，是网络营销中一种不可或缺的方法和手段，是现代商战中对市场态势和竞争对手情况的一种电子侦察。在激烈的市场竞争条件下，主动地了解商情，研究趋势，分析顾客心理，窥探竞争对手动态是确定竞争战略的基础和前提。通过在线调查或者电子询问调查表等方式，不仅可以省去大量的人力、物力，而且可以在线生成网上市场调研的分析报告、趋势分析图表和综合调查报告。其效率之高、成本之低、节奏之快、范围之大，都是以往其他调查形式所做不到的。这就为广大商家提供了一种市场的快速反应能力，为企业的科学决策奠定了坚实的基础。

四、销售渠道开拓功能

网络具有极强的进击力和穿透力。传统经济时代的经济壁垒、地区封锁、人为屏障、交通阻隔、资金限制、语言障碍、信息封闭等，都阻挡不住网络营销信息的传播和扩散。新技术的诱惑力，新产品的展示力，文图并茂、声像兼备的昭示力，网上路演的亲和力，地毯式发布和爆炸式增长的覆盖力，将整合为一种综合的信息进击能力。这是其他营销手段所无法比拟的。

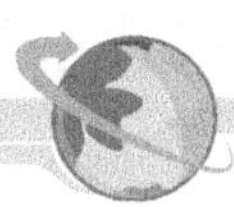

五、品牌价值扩展和延伸功能

美国广告专家莱利预言：未来的营销是品牌的战争。拥有市场比拥有工厂更重要。拥有市场的唯一办法，就是拥有占市场主导地位的品牌。互联网的出现，不仅给品牌带来了新的生机和活力，而且推动和促进了品牌的拓展和扩散。实践证明：互联网不仅拥有品牌，承认品牌，而且对于重塑品牌形象，提升品牌的核心价值具有重要作用。

任务思考

网络营销有哪些功能？

项 目 评 价

学生分组学习本项目，每小组 4～6 人。学完本项目后，各小组成员进行自评和互评；各小组组长将小组成员互评分汇总后算出平均分，作为小组评分；将自评分和小组评分结果交给任课教师，请任课教师打出教师评分。以上结果一并填入学习评价表，如表 1-2 所示。评分采用百分制，根据各项评分算出各列平均分。自评分、小组评分、教师评分分别占最终得分的 30%、30%和 40%，即最终得分=自评分平均分×30%+小组评分平均分×30%+教师评分平均分×40%。

表 1-2　学习评价表

学生姓名：　　　　　　　　班级：

常规目标	分类目标	自评分	小组评分	教师评分	最终得分
知识目标	掌握网络营销的基本概念				
	了解网络营销的产生和发展				
	了解网络营销与传统营销的关系				
	掌握网络营销的功能				
能力目标	能够利用网络搜集信息，进行自主学习				
平均分					

项目二　淘宝营销推广基础知识

教学目的和要求

1. 掌握营销推广的方式。
2. 认识并理解淘宝营销推广的重要性。

教学重点和难点

1. 淘宝营销推广的概念。
2. 淘宝店内营销推广、站内营销推广、外部营销推广。
3. 淘宝营销推广的重要性。

任务一　初识淘宝营销推广

任务要求

熟知淘宝营销推广的基本知识。

任务情景

小吴所在公司的经理意识到了网络市场的巨大潜力，想在淘宝开设一家店铺。但因为初次接触网络市场，经理想对淘宝营销推广做进一步的了解，并将这项工作交给了小吴。

任务实践

1）小吴发现公司目前掌握的关于网络市场的资料较少。

2）小吴利用搜索引擎收集了淘宝营销推广的相关知识。

知识解读

一、淘宝营销推广概述

淘宝网给了太多人希望与梦想，太多人期待着在这片肥沃的土地上开花结果。在淘宝网创业的每一位网商都有着相同的经历，每周 7 天，每天工作 10～12 个小时，看着精心培育的网店从小到大，不断成长。

俗话说“酒香不怕巷子深”，在计划经济的卖方市场下，只要商品质量过硬，就会有人购买。但进入市场经济之后，随着大量商品的生产和市场种类的细分，消费者市场也有了更多的选择，即使同一类产品，甚至同一种商品的销售和经营，也要采取多种方法进行推广，只有这样才能够使消费者第一时间接触到你的商品，考虑并最终选择该商品。

推广，就是做广告的意思。很多人认为做广告就要投入资金，认为没有把店铺的推广做好，是因为没有投入资金或者投入资金太少，其实这种理解是不对的。推广的方式多种多样，可以先免费推广，找到流量入口的优势位置，优化转化率，再开始付费推广。这样花钱才会出效果。淘宝推广的效果，就是让商品的自然排名位于类目搜索或者关键词搜索的前几名，越多商品排名越靠前，推广做得越成功。

淘宝市场之大毋庸置疑，在面对巨大的市场机会的同时，销售者也面对着巨大的竞争，每年都有不计其数的淘宝店主加入淘宝掘金的行列，同行之间的竞争之大难以想象。中小卖家想做大，大卖家想做强，淘宝商家都想迅速提高品牌知名度。一些新开店铺或者中小卖家，想要迅速打开销路，营销推广是其必须学习的入门课程。

二、淘宝店内营销推广

（一）对商品基本信息的推广

与传统零售方式不同，网络零售的商品陈列是以网页的形式来展示的。顾客对于商品的选择直观地来自对商品名称和商品描述的理解，以及对商品图片信息的认知。

1. 商品名称的策略化推广

善用关键词能有效提升网店浏览量。在字符容量能够满足的前提下，尽可能选用更多的关键词，能扩大消费者搜索的范围，提高本店商品被消费者发现的概率。根据顾客的消费需求和定位的区别，可将关键词分为以下几种类型。

（1）属性关键词

属性关键词是指商品的名称或俗称，以及商品的类别、规格、功用等介绍商品基本情况的字或者词。由于消费者的语言表达和搜索习惯不同，消费者会使用不同属性的关键词搜索。因此，可多设几个属性关键词，满足更多人的搜索需求。

（2）品牌关键词

品牌关键词包括商品本身的品牌关键词和店铺的品牌关键词两种。例如，“兰蔻”“李宁”等属于商品本身的品牌关键词，“秀石头”“百分之一”等就属于店铺的品牌关键词。增加商品品牌关键词，可为消费者提供更精确的搜索信息；增加店铺品牌关键词，可便于消费者记忆与查找店铺，利于口碑传播。

（3）促销关键词

促销关键词是指在促销活动中使用的包括“清仓”“特价”“折扣”“甩卖”“赠品”等信息的字或词。很多商家通过这类字词吸引或打动消费者。

（4）评价关键词

评价关键词是一种口碑关键词。其主要作用是对潜在消费者产生一种心理暗示，如“金冠店铺”“百分百好评”“热销”等。增加评价关键词不仅能满足消费者寻找优质产品、可信商家的需求，还更容易获得消费者的认同和好感。

在商品发布的时候，是使用单一关键词还是组合关键词，以及选择哪些关键词来组合，要通过分析市场、分析商品、分析目标消费群体的搜索习惯来确定，但其中属性关键词是核心。

2. 商品描述的策略化运用

商品的优势和价值等需要用文字来加以说明。通常一件商品的描述由以下几部分组成。

（1）型号规格

型号规格一般包括商品的品牌、型号、材质、规格、功能、功效、包装、价格等商品基本信息，以及生产加工工艺、产品优势等有利于销售的商品信息。这类信息宜放在商品描述的最前面。除了用文字说明以外，还可利用图片来清晰地表示商品的型号规格，使商品描述更专业全面。

（2）交易说明

可用“买家必读”“购物须知”等方式来引起消费者关注。进行交易说明，如在交易过程中双方出现某种状况，可有一个参考的依据。这也是独立于平台规则以外的一种双边协议，顾客一旦购买即代表对该条款的认可，从而可有效地避免纠纷发生。

（3）配送说明

配送说明是对邮寄的费用和物流配送周期的说明。消费者对发往各地的运费标准和到货周期不清楚时，配送说明可以起到预先告知的作用。

（4）服务保障

服务保障包括质量承诺、售后维修、会员优惠等信息。这些信息既可给顾客以安全感，也可增加消费者黏性。

（5）相关信息

一切有利于销售、有利于体现商家专业性的内容都可以放在这部分内容里。例如，插入促销活动介绍、品牌文化介绍、商品运输包装介绍等都可以表现商品附加值的信息，可将商品的细节展示得更加详细；还可以提供自助购物指导、常见问答、保养知识、使用方法、联系方式等更为专业和周到的服务；又或者展示以往顾客的评价，打消消费者的担心和疑虑等。

3. 对商品图片的策略化运用

网络零售的商品陈列是以网页的形式展现的，无法使消费者亲眼看到实物是它的一个缺陷，顾客对商品的第一印象来自卖家上传的照片。商品照片和产品照片不同，产品照片通常只要求如实拍出产品的原貌、色彩还原准确、图片清晰、构图合理即可。但是商品图片因为需要刺激消费者的购买欲，达到销售的目的，因而要求画面美观，有视觉冲击力，要使消费者通过图片能感知商品的价值，提高商品的性价比。商品图片主要以展示商品特性为主，粗质或过于花哨的装饰反而会削弱商品原本想传达的信息，所以网店的商品图片应主要由简洁明快的背景和清晰的主体构成，使店铺看上去风格统一，增加视觉舒适感。具体来看，需要注意以下几点：第一，画面、用光和构图要有视觉上的美感。第二，抓住商品的形、色、质，如实反映商品的本来特征，否则会埋下“实物与图片不符”的纠纷隐患。例如，在呈现商品的“形”上可附参照物，便于消费者直观地了解商品的实际尺寸；在“色”上要还原真实，尽可能和背景形成反差，拍摄后要及时核对样片，防止出现色差；在“质”上要体现商品的质感，纹路细腻清晰，可使用照相机的微距功能，同时还应配合灯光、三脚架来拍摄。第三，搭配协调的配饰并向消费者展示更多的商品细节，这样能有效减少消费者的顾虑，降低其对风险的担忧。

（二）利用聊天工具的推广策略

在淘宝网购物的买家大多利用即时聊天工具与商家交流，因此，可以利用聊天工具开展一些日常的推广宣传。

1. 对头像的利用

头像是与他人交流时彼此留下的第一印象，可成为商家信息的补充说明。可使用店内

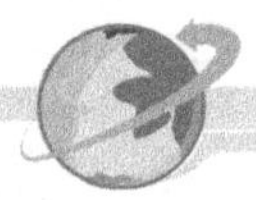

的商品、近期的促销活动等信息来设计，目的是让顾客对店铺主营内容和经营定位一目了然。

2. 对自动回复的利用

在离开电脑前时，可启用聊天工具的自动回复功能，将一些促销信息、新品信息设置在“自动回复”栏里，从而有效地吸引顾客关注；当繁忙时，也可使用自动回复来安抚等待答复的顾客。

3. 建议或邀请消费者加入群

发布纯广告性质的商业信息会让人反感，而通过聊天为买家提供一些建议，或邀请其加入群讨论，可以让消费者更自然轻松地接受软性广告信息。

（三）利用管理工具跟进顾客

从老顾客中发掘新商机，对网店经营者来说是一种省时省力的做法。双方因为有过成功的交易，往往彼此信任，因此一句简单的问候带来的可能就是一笔新的订单。

回访老顾客可以借助相关工具，发送感谢类文字、祝福类话语、促销性文字及售后满意度征询文字等，可以让顾客感受到店铺的热情和无微不至的关心。这样做不仅能维护客户关系，还能提高顾客的忠诚度。

（四）利用会员制的促销作用

会员折扣往往能推动顾客的二次消费。从营销的角度来说，只对会员实行折扣优惠的做法称为“价格歧视”，但这属于普通大众都能接受的一种游戏规则。可根据购买金额多少等标准来设置买家级别，并将这种会员制在店铺里公示出来，凡是达到标准的顾客都可以享受相应的会员优惠折扣。

三、站内营销推广

C2C（customer to customer，消费者个人间的电子商务模式）平台下的站内营销推广方式能让商品信息走出店铺，被更多的潜在顾客发现和接受。由于各 C2C 平台的运营方式不同，其推出的站内促销活动也不尽相同。在淘宝网，站内营销推广主要有论坛推荐位与活动赞助、友情链接、互换频道和联合推广，以及利用淘宝论坛制造影响力等几种形式。

（一）论坛推荐位与活动赞助

1）在淘宝论坛首页上，有大小、位置不等的论坛与直通车广告位这两种推广形式，它们属于硬广告，是需要一定的资金投入的各种付费的定向广告位；另外，直通车活动的“热卖单品”广告位也较抢手。

2）活动赞助是较为便捷便宜的一种推广网店的方式。可用店铺商品作为活动赞助品，成本较低。

（二）友情链接、互换频道推广和联合推广

淘宝店铺页面左下方为友情链接，数量为35个，两个店铺互换友情链接后，会出现在对方的店铺页面里。互换友情链接店铺的经营内容应互不冲突，最好有一定的关联性，或拥有相同、相近的顾客群。互换频道推广也是一种有效的站内推广方式，可把其他网店当成自己的一个频道在网店上推广。此外，还可从联合推广的角度去选择友情店铺，充分利用友情互换达到资源的共享和互补。

（三）利用淘宝论坛制造影响力

淘宝论坛是有着类似需求的买家和卖家聚集的地方。网店可利用论坛拓展人脉，增强自身或店铺的影响力；与新老顾客进行互动，增加店铺的吸引力；也可以利用论坛来发布商品流行趋势的资讯，对顾客进行购物或搭配的指导，打造网店的专业形象。

四、外部营销推广

除了店内推广和站内推广，淘宝网店经营者还可以适当采用一些外部营销推广方式来增加网店的曝光度。

1. 人脉推广

人脉是我们在日常生活中不断积累起来的，在网店营销中应加以利用，提升口碑推广的效用。亲朋好友、网络上认识的朋友、线下聚会和工作中认识的朋友都可能成为网店的潜在顾客。因而，网店营销要注重对每一位客户的服务与后期关系的维护。

2. 论坛推广

站外论坛推广能有更多的机会让潜在消费者接触到店铺的信息。可寻找几个合适的知名论坛或专业论坛的相关板块来发帖宣传，成功发帖后，通过观察流量和数据分析，从中选择流量最大的1～2家论坛，加强宣传力度。除了发帖还需经常回帖，提升回帖的水平。回帖比发帖更讲究经验和技巧，有质量的发帖和有观点的回帖才会给人留下深刻的印象。

3. 搜索引擎推广

搜索引擎推广是买家通过关键词搜索，获知网店的店铺名称、地址、经营范围等信息，从而引导买家进入店铺了解并产生交易行为。搜索关键词的设定可结合上文提到的商品名称的策略化推广，使用一些热门关键字或词，争取获得优先检索，使排名靠前，从而得到更靠前的宝贝展示机会。

4. 博客、微博推广

博客、微博是电子商务时代的新产物，博客、微博推广已成为网络营销的重要手段之一。网店利用博客、微博宣传首先要确定其读者，进而分析传播什么会受欢迎。对卖家来说，可把博客、微博做成一个和商品有关的知识园地，在这里和大家一起分享生活感悟，分享生活中的喜怒哀乐，还可以原创或收集转帖一些好文好图来和大家一起分享，从而吸引别人收藏，扩大博客、微博的关注度。通过在外站博客、微博上发表博文或信息，关注者进行阅读或评论转发，从而形成一种良性的推广方式。

5. 淘宝客推广

淘宝客推广是一种按成交计费的推广模式，淘宝客只要从淘宝客推广专区获取商品代码，任何买家经过这类推广（链接、个人网站、博客或者社区发的帖子）进入淘宝卖家店铺完成购买后，就可得到由卖家支付的佣金。淘宝客推广专为淘宝卖家提供淘宝网以外的流量和人力，利用其他网站来为自己的店铺做宣传。例如，可把自己的店铺提交给“一家网”（国内最大的淘宝客），在上面发布自己店铺的打折促销信息，吸引广大顾客，帮助推广商品。借助淘宝客展示、点击、推广全部免费，只在成交后支付佣金，并能随时调整佣金比例，灵活控制支出成本。这是一种成本低、资源广的网店营销推广方式。

任务思考

如何综合利用多方平台，更好地进行营销推广？

任务二　了解淘宝营销推广的重要性

任务要求

熟悉淘宝营销推广的重要性。

任务情景

小吴和经理已经认识了淘宝营销推广，为了顺利地进行调研工作，还必须了解淘宝营销推广的重要性。

任务实践

1）小吴在认识淘宝营销推广之后还意识到了淘宝营销推广的重要性。

2）小吴利用百度搜集到了淘宝营销推广的重要性。

知识解读

淘宝营销推广就是指通过各种宣传方式让更多网民进入你的网店、认识你的产品并产生购买的欲望。在网络上做生意就好比在大海中捞鱼。如果把顾客比作鱼，那么淘宝营销推广就是撒网，撒大网才能多捕鱼。

进行淘宝营销推广的意义有以下几点。

一、挖掘更多潜在顾客

持续不断地进行推广，就可以挖掘更多的潜在客户。推广的目的不仅是为店铺带来销量，还在于吸引更多的人关注你的商品。在你的商品第一次上市的时候，或许有许多人看不见记不住，但如果你的推广广告不断出现，就会给顾客留下深刻的印象，当顾客再一次

看到广告的时候，或许就会决定购买你的商品了。

二、培养回头客

做推广也是不断地刺激老客户重复购买的过程，店主要与顾客保持联系，并且在一定的时间里多做促销活动。大部分老顾客是比较容易被打动的，所需要花的成本也比较低。许多网店做得好是因为它们有一批忠诚客户。

三、树立店铺形象

推广是向人们展示自己网店好的一面或者自己网店独特的一面。宣传商品的过程也是在宣传自己的品牌，顾客买的不仅是商品还是店铺的形象。坚持不懈地推广，流量就会多，也就会让顾客看到你的网店的独特性，你的品牌和信誉度就会不断地提高，做好一家网店就得心应手了。

四、增加店铺销量

推广带来了流量，因此才会有成交量，每天几个 IP 的访问和上万个 IP 的访问的效果是截然不同的，流量和成交量是成正比的。这里所说的流量指的是有效流量，并不是那些无效的流量。一定要注意有效流量的获取，这样才能促成交易。

五、提高店铺排名

网上店铺有千万家，要想在众多店铺中脱颖而出，就需要使店铺排名靠前。店铺排名与信誉、流量、收藏量等因素有关。持续不断地推广，信誉不断增长、收藏人数增多、流量增加，都可以提高店铺排名。排名越靠前的店铺，被买家看到的机会就越多；信誉越高的店铺，给买家的感觉就越可靠。这是一个良性循环的过程。

任务思考

淘宝营销推广有哪些重要性？

项 目 评 价

学生分组学习本项目，每小组 4～6 人。学完本项目后，各小组成员进行自评和互评；各小组组长将小组成员互评分汇总后算出平均分，作为小组评分；将自评分和小组评分结果交给任课教师，请任课教师打出教师评分。以上结果一并填入学习评价表，如表 2-1 所示。评分采用百分制，根据各项评分算出各列平均分、自评分、小组评分、教师评分分别占最终得分的 30%、30%和 40%，即最终得分=自评分平均分×30%+小组评分平均分×30%+教师评分平均分×40%。

表 2-1　学习评价表

学生姓名：　　　　　　　　　　班级：

常规目标	分类目标	自评分	小组评分	教师评分	最终得分
知识目标	掌握营销推广的方式				
	认识并理解淘宝营销推广的重要性				
能力目标	能够利用淘宝店内营销、站内营销、外部营销等方式进行推广				
	能够利用网络搜集信息，进行自主学习				
平均分					

模块二　体验网络营销

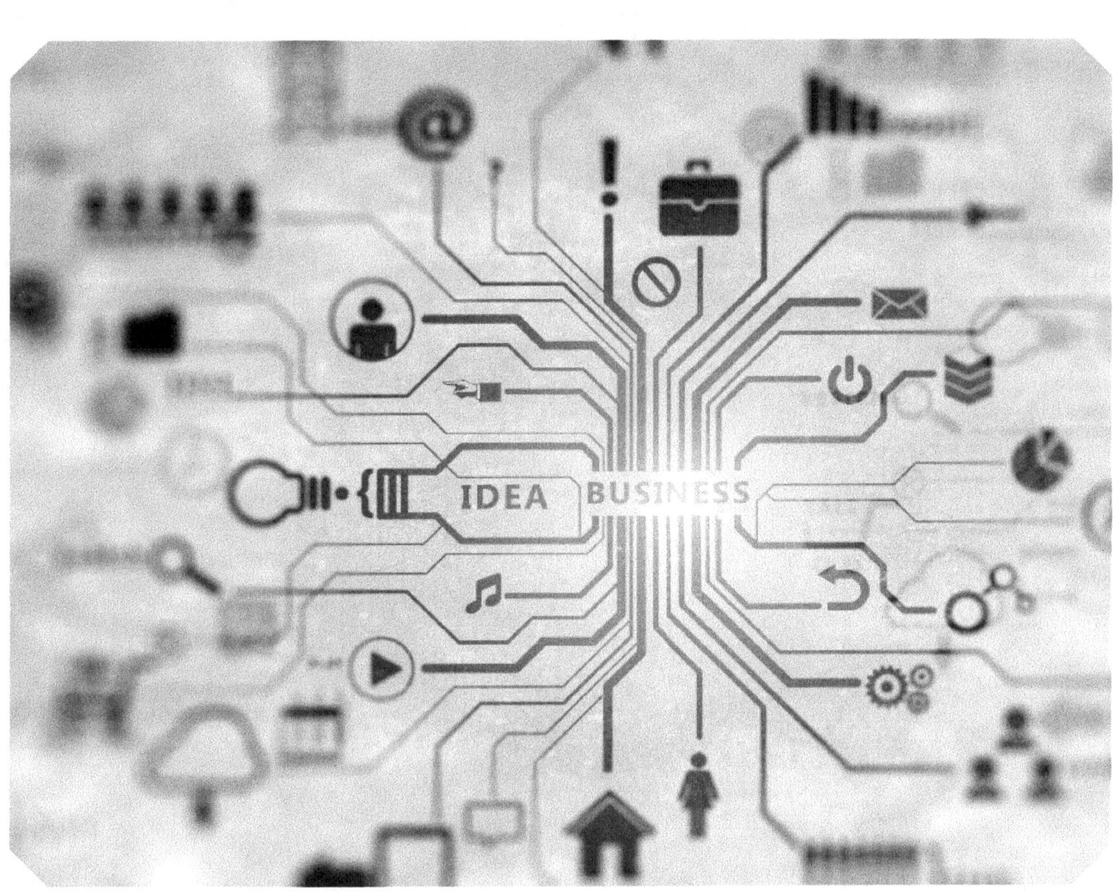

项目三　网络营销环境及其对策

教学目的和要求

1. 掌握企业网络营销环境现状。
2. 理解影响网络营销环境的因素。
3. 能对网络营销环境变化做出迅速反应并具备分析判断能力。
4. 具备针对企业应对网络营销环境对策的创意规划能力。
5. 具备针对影响网络营销环境因素的分析能力。

教学重点和难点

1. 企业网络营销现状。
2. 影响网络营销环境的因素。

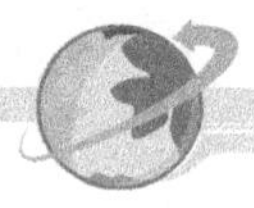

任务一 分析网络营销环境

任务要求

了解企业网络营销环境现状；理解影响网络营销环境的因素。

任务情景

小吴所在的公司产品质量稳定，深受用户好评。经理想进一步突破销售瓶颈，占据更大的市场份额，故让小吴对当前的网络营销环境进行详细地分析。

任务实践

1）必须分析清楚网络营销的市场环境和影响因素，认识公司的竞争对手和市场容量，以及自己产品的优势和劣势等情况。

2）了解网络营销环境分析知识，从而利用这些理论知识和实战经验，分析目前影响公司产品销售的环境因素，利用网络营销推广手段，争取帮助公司突破销售瓶颈，占领更大的市场。

① 小吴利用搜索引擎搜集了网络营销环境的相关理论知识。

② 小吴对相关知识进行了整理。

知 识 解 读

一、网络营销环境概述

网络营销环境是指影响企业网络营销活动而企业又无法控制的各种因素的总称。企业的网络营销行为既受自身条件的制约，也受外部环境的制约。关注并研究企业内外影响环境的变化，把握环境变化的趋势，识别由于环境变化所带来的机会与威胁，对于企业开展网络营销具有重要意义。

（一）网络营销宏观环境与网络营销微观环境

根据营销环境对企业网络营销活动影响的直接程度，网络营销环境可以分为网络营销宏观环境与网络营销微观环境两部分。

1. 网络营销宏观环境

网络营销宏观环境是指对企业网络营销活动影响较为间接的各种因素的总称，主要包括政治法律、社会人口、经济环境、社会文化、科学技术、自然地理等环境因素，如图 3-1 所示。

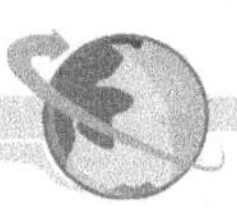

2. 网络营销微观环境

网络营销微观环境是指与企业网络营销活动联系较为密切并且作用比较直接的各种因素的总称，主要包括企业内部条件和供应商、营销中介、顾客、竞争者、合作者，以及营销公众开展电子商务、网络营销的上下游组织机构，如图 3-2 所示。不同行业企业的微观环境是不同的，因此微观营销环境又称为行业环境因素。

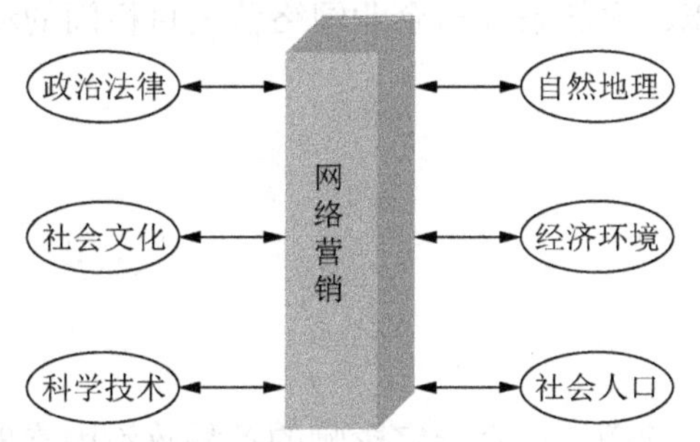

图 3-1　网络营销宏观环境的主要构成

图 3-2　网络营销微观环境的主要构成

（二）市场营销的网络环境和网络营销的现实环境

根据是否与互联网特性有关，网络营销环境可以分为市场营销的网络环境和网络营销的现实环境两部分。

1. 市场营销的网络环境

市场营销的网络环境是指网络在市场营销活动中的运用使企业的市场营销行为表现出许多与过去不同的特征和规律，企业可以在网上发现大量新的营销机会和更为广阔的市场空间。同时，网络经济也给企业的营销活动带来了更多的挑战与威胁。企业开展网络营销活动的前提是明确认识网络本身对营销活动的影响，从而做到企业营销活动与网络的完美结合，使网络在市场营销应用方面取得显著的效果。

2. 网络营销的现实环境

网络营销的现实环境，即在网络与营销做到比较完美的结合后，对网络营销活动造成直接或间接影响的各种因素的总称。

（三）网络营销外部环境和网络营销内部条件

根据是否属于企业系统，网络营销环境可分为网络营销外部环境和网络营销内部条件两部分。

1. 网络营销外部环境

根据对企业生存与发展、对企业网络营销活动的开展产生的影响是否有利，网络营销外部环境可以分为网络营销环境机会和网络营销环境威胁。

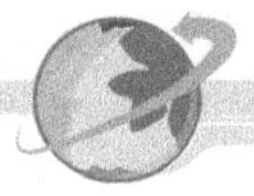

2. 网络营销内部条件

根据面对外部环境变化所表现的态势，网络营销内部条件可以分为网络营销优势和劣势两部分。

对企业网络营销活动从外部环境、内部条件两个方面，从优势、劣势、机会、威胁 4 个维度做出分析的方法称为 SWOT 分析法。网络营销环境分析的目的就是发挥优势、克服劣势、寻求机会、避免威胁，谋求企业外部环境、内部条件与企业网络营销目标间的动态平衡。

二、网络营销宏观环境分析

（一）网络营销政治法律环境分析

1. 网络营销政治法律环境的概念

网络营销政治法律环境是指那些对企业网络营销活动有一定影响的各种政治因素的综合，主要包括一个国家或地区的政治制度、政治局势，以及政府在发展电子商务和网络营销方面的方针政策等因素。

2. 网络营销政治法律环境的影响及对策

政治法律环境因素对企业网络营销活动的影响有两个方面：一是保障作用，二是规范作用。因此，网络营销活动中企业相应的策略有以下几个方面。

1）企业的网络营销活动要遵守东道国目标市场的相关法律法规。

2）企业的网络营销活动要服从国家有关发展战略与政策的要求。

3）企业要积极利用国家政策给网络营销带来的机会，尽量争取对企业、对社会、对消费者皆有利的法律、法规和政策出台。

4）企业要积极利用国家法律、法规武器，保护自己在网络营销活动中的合法权益。

互联网的迅速普及，以及在此基础上形成的全球化电子商务构架，在改变传统贸易框架的同时，也对工商行政管理、金融、税收、法律等诸多领域现有的政策及法律提出了挑战。网络营销作为一种崭新的商务活动方式，涉及大量传统商务活动所没有涉及的问题。例如，电子合同的订立、数字签名法的法律效力、网络贸易中的争议、对网上犯罪的惩罚、网上消费者权益的保护、网上知识产权的保护等，都需要一个完整健全的法律、法规体系加以认定、规范和保障。

3. 网络营销政治法律环境现状

目前，关于电子商务、网络营销的国际立法主要有 1987 年国际商会的《电传交换数据统一行动法则》、1990 年国际海事委员会的《电子提单规则》、1996 年 6 月联合国国际贸易法委员会通过的《电子商务示范法》，以及 2001 年 3 月 23 日联合国国际贸易委员会通过的《电子签字示范法》等。

我国在研究先进经验的基础上，结合我国国情，初步制定了一套有中国特色的电子商务法规。2004 年 8 月 28 日，第十届全国人民代表大会常务委员会第十一次会议表决通过

了《中华人民共和国电子签名法》。这部法律规定，可靠的电子商务签名与手写签名或者盖章具有同等的法律效力。这部法律的通过标志着我国首部“真正意义上的信息化法律”正式诞生。该法于2005年4月1日起施行。中国银行业监督管理委员会公布的《电子银行业务管理办法》和《电子银行安全评估指引》自2006年3月1日起施行。《互联网电子邮件服务管理办法》自2006年3月30日起施行。2010年7月，国家工商行政管理局宣布将网络购物纳入其监管范围，并出台《网络商品交易有关服务行为管理暂行办法》。根据这一规定，个人网上开店须实名。中国人民银行制定的《非金融机构支付服务管理办法》自2010年9月1日起施行。随后，商务部陆续发布了《网上商业数据保护法》《网上交易管理办法》等政策性文件，可以看出，中国电子商务、网络营销法规体系渐趋规范。

（二）网络营销社会人口环境分析

1）从网络营销的角度看，市场是有现实或潜在需求且有货币支付能力的消费者群。市场的构成要素是人口、欲望和购买力。人口的数量、结构、分布等的变化趋势都对企业的网络营销产生一定的影响。因此，企业开展网络营销，一方面可以直接收集一手资料，通过对用户的数量、结构等内容的分析发现营销机会；另一方面也可以收集二手资料了解网络营销人口环境，从而制定行之有效的营销策略。

2）网络用户的数量及其增长速度决定网上市场的规模。从总体上讲，网络营销市场的规模大小与网络用户的总量成正比。统计一个国家、一个地区的网络用户数及人均国民收入，就可以大致了解这个国家、地区网络营销的市场潜量有多大。我国的城乡人均收入近几年增长迅速，所以世界各国都看好中国市场。根据中国互联网络信息中心（China Internet Network Information Center，CNNIC）资料分析，我国网民总数居世界首位，其增长速度已被世界所瞩目，这无疑为网络营销提供了大量潜在的顾客源。可以看出，在我国，电子商务、网络营销有着巨大的市场和无限的商机。

3）网络用户的结构决定或影响着网络营销产品及服务的需求结构。网络用户结构主要包括网络用户的性别结构、年龄结构、家庭结构、地理结构、学历结构等。

① 性别结构：互联网在男性中的普及率略高于女性。随着网民规模的逐渐扩大，网民结构与现实生活中的结构将逐渐趋近。从普及率的角度来看，互联网在男性中的普及程度要略高于女性。人的性别不同，不仅在需求上存在较大差别，而且在购买习惯与购买行为上也存在很大差别。例如，女士需要化妆品，从而生产化妆品的企业主要以女性为目标市场；男士需要烟、酒，生产烟、酒的企业则主要以男性为目标市场；由于女士多操持家务，大多数日用消费品由女性采购，因此，很多家庭用品可纳入女性市场。

② 年龄结构：年轻人多，中老年人少。不同年龄段消费者对商品和服务的需求也不相同。例如，婴儿需要奶粉、尿布，幼儿需要糖果、玩具，青少年需要书籍、文具，老人则需医药保健等，由此形成了各具特色的市场。随着社会的发展，人口的年龄结构也不断发生变化。物质、文化生活水平的提高，医疗卫生事业的发展，使人均寿命大大延长。人们生育观念的转变，使人口出生率下降。在总人口中，老年人所占的比例将逐渐增大，从而对老年人用品的需求量也将随之不断增加，并形成一个庞大的“银发市场”。按照国际通行的标准，一个国家65岁以上老年人占该国人口总数的7%以上时，这个国家便为老龄化国家。目前我国已接近这一标准，有关企业在营销中应注意这一问题。

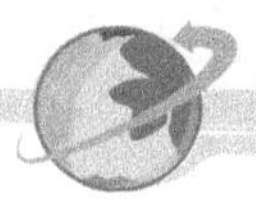

③ 家庭结构：网络用户未婚网民占六成左右。近年来，我国家庭规模一直呈缩小趋势。虽然已婚网民比例有所上升，但未婚网民仍占大多数。

家庭是商品采购的基本单位，一个国家、一个地区拥有的家庭数及每个家庭成员的多少，都对企业的营销活动存在很大的影响。例如，家庭数量多，对家具、家电的需求量必然就大。随着家庭人数的减少、家庭规模的小型化发展，小型炊具市场将越来越大，而大型炊具市场将日渐萎缩，家庭小型化将使人们对家具、家电的需求发生较大的变化。

④ 地理结构：与地区经济发达程度正相关。居住在不同地区的人，由于地理位置、气候条件、自然资源、风俗习惯的不同，不仅存在着不同需求，而且在购买习惯和购买行为方面也存在着差别。

从 CNNIC 的多次统计结果来看，我国网络用户主要集中于大城市及沿海发达地区，西北部地区的网民比例仍然偏低。北京是我国网民最多的地区，上海、广东、浙江依次随后。北京和上海经济收入、文化生活水平较高，成为网民数量最多的直辖市；而分省来看，东南沿海发达地区的网民数量较多。

⑤ 学历结构：逐步向较低学历人群扩散。CNNIC 的多次统计结果显示，随着我国网民规模的逐渐扩大，网民的学历结构正逐渐向中国总人口的学历结构趋近，互联网用户正逐步向低学历人群扩散。网络用户受教育程度的不同，在较大程度上影响其购买需求、动机与行为。因为教育程度不同，人们的价值观念、个人追求、消费观念、生活方式等会有很大的差异。因此，在了解不同教育程度人群需求差异的基础上，认真分析网上用户的学历结构，才可以制定出有针对性的营销策略。

（三）网络营销经济环境分析

网络经济与传统经济相比有许多不同的特点，具体表现在以下几个方面。

1）马太效应产生：网络经济的正反馈机制。传统经济模型认为，一种商品需求增加，价格因之上涨；价格上涨，供给因之增加，需求因之减少；需求减少，价格因之降低，反之则相反。这种现象用控制论术语概括为“负反馈机制”。但是，在网络经济的一些领域，商品价格下降，需求因之增加；需求增加，供给成本会因之而降低；供给价格进一步降低，需求则因之而创造。这种因需求方规模经济效应产生的供给方低成本、低价格，进一步高需求、低价格的现象用控制论术语概括就称为“正反馈机制”。由于网络经济具有正反馈机制，所以网络参与者越多、覆盖面越大，网络的价值越高。例如，电信服务市场就是一种典型的正反馈市场。

在网络营销的某些领域，正反馈效应的表现为：拥有更大的市场份额就会得到更快速的发展；同样，若市场占有率比较小，则会加速下滑。正反馈有利于大网络，不利于小网络，即所谓“强者越强，弱者越弱”的马太效应。

2）“赢家通吃，输家通盘”：网络经济的冒尖市场原理。正反馈是强者更强，同时弱者更弱，所以当两个或更多的公司争夺正反馈效应很大的市场时，有时会产生一种极端的结果：只有一家公司可以出头，其余的竞争对手要么退出，要么被边缘化，最后形成一种自然垄断。经济学家称这种市场为冒尖市场，一般的媒体则称之为“赢家通吃，输家通盘”。软件公司的发展就是一个由正反馈走向冒尖市场的例子。

3）“快鱼吃慢鱼”：网络经济的核心是创新，创新的核心是速度。由于冒尖市场原理，不断追求垄断力量就成了网络经济的主要力量。企业要想打破其他企业已经形成的垄断，

往往难以依靠传统的规模经济，而是必须进行创新，即在网络经济条件下，由创新获得的垄断必须依靠更新的创新才能予以击破。网络经济时代，产品生命周期大大缩短，产品的更新换代速度越来越快。企业之间为追求市场垄断就必须在创新的速度上展开激烈的竞争。

4）“船小好掉头”：中小企业地位上升。网络经济条件下，小企业能够与大企业一样通过网络向世界市场展示自己的产品，而且在高风险与高收益并存、需求瞬息万变的市场条件下，企业的快速反应能力和市场敏感度是其生存与发展的关键。小企业具有反应快、转向容易、投入低、风险分散的独特优势，特别适合网络经济时代高新技术产业发展的需要，因此，中小企业地位的上升就成了网络经济的必然趋势。

5）标新立异，与众不同：需求个性化、产品多样化、营销差异化的趋势越来越明显。由于消费者需求多样化、高新技术成果层出不穷、产品开发设计手段日益高效化，近年来，世界市场产品多品种、小批量特征越来越明显。

6）既要务实又要务虚：网络经济是一种虚拟经济。网络经济是指在互联网上构筑的虚拟空间中进行的经济活动，它具有不受时空限制的虚拟性，它既可以是实物经济的虚拟化表现，也可以是完全独立的虚拟经济行为，与现实空间中的实物经济并行不悖。网络经济的虚拟性还表现为拥有有形资产最多的人不一定就是最富有的人，而拥有无形资产最多的人肯定是最富有的人的特点。此外，人们的思维模式也是由有形思维向虚拟思维方式转变。例如，许多传统型企业在组织上突破有形的界限，虽有设计、生产、营销、财务等完整的功能，但却不保留完整执行这些功能的组织，而是将这些组织部门分离出去，借助外界力量整合、弥补，以创造企业本身的竞争优势。这是企业组织形式在网络经济时代的主要演进方向之一。

7）长尾效应出现：次要的多数胜过关键的少数。长尾理论是网络时代兴起的一种新理论，由美国学者克里斯·安德森提出。长尾理论认为，由于成本和效率的因素，过去人们只关注重要的人或重要的事，如果用正态分布曲线来描绘这些人或事，人们只关注曲线的“头部”，而将处于曲线“尾部”、需要更多的精力和成本才能关注到的大多数人或事忽略。而在网络时代，由于关注的成本大大降低，人们有可能以更低的成本关注正态分布曲线的“尾部”，关注“尾部”产生的总体效益甚至会超过“头部”。例如，某著名网站是世界上最大的网络广告商，它没有一个大客户，收入完全来自被其他广告商忽略的中小企业。安德森认为，网络时代是关注“长尾”、发挥“长尾”效益的时代。

小知识

马太效应（Matthew effect），指强者越强，弱者越弱的现象，来自圣经《新约·马太福音》中的一则寓言：

从前，一个国王要出门远行，临行前，他交给3个仆人每人1锭银子，吩咐他们：“你们去做生意，等我回来时再来见我。”国王回来时，第一个仆人说：“主人，你交给我1锭银子，我已赚了10锭。”于是国王奖励他10座城邑。第二个仆人报告说：“主人，你给我1锭银子，我已赚了5锭。”于是国王奖励他5座城邑。第三个仆人报告说：“你给我的1锭银子，我一直包在手里存着，我怕丢失，一直没有拿出来。”于是国王命人将第三个仆人的1锭银子也赏给第一个仆人，并且说：“凡是少的，就连他所有的也要夺过来。凡是多的，还要给他，叫他多多益善。”

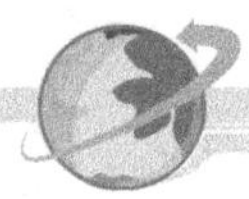

三、网络营销微观环境分析

网络营销微观环境分析主要是对企业内部条件、供应商、营销中介、顾客、竞争者、合作者及营销公众等对企业网络营销有影响而企业又无法控制的各项因素的分析。

（一）企业内部条件分析

1. 企业内部条件的概念

企业内部条件是指对企业网络营销活动产生影响而营销部门又无法直接控制或改变的各种企业内部条件因素的总称。这些因素或者对网络营销活动起着制约作用，造成企业网络营销的劣势局面；或者对网络营销活动发挥保障作用，形成企业网络营销的优势地位。企业内部条件分析是企业科学规划营销战略、合理制定营销策略的基础。

小案例

中国网库公司于 1999 年 8 月在北京成立，前期经营中国电信 114 查号台的网络平台，积累了海量的中国中小企业数据，并以此为基础开展电子商务服务业务。该公司利用优越的内部条件主要致力于细分领域的电子商务平台打造与集聚，为实体企业提供基于行业细分单品的电子商务交易服务。中国网库公司在全国 157 个主要城市设立了分支机构，在北京、武汉、贵阳、广州等 20 个城市建立了区域运营中心，是全国市场渠道与服务网络布局最广的 B2B（business to business，企业间的电子商务模式）电子商务公司之一。中国网库公司构建的第三方电子商务平台（www.99114.com）在国内综合电子商务服务平台中名列前茅。

2. 企业内部条件分析的主要内容

网络营销活动中，企业内部条件分析主要考虑企业发展战略对网络营销的重视程度，以及网络营销所需资源的保障能力及企业其他部门的配合能力等内容。

3. 企业内部条件对网络营销的影响

第一，企业组织结构的快速反应能力是网络营销的保障。信息技术的发展，使企业组织结构扁平化成为可能。企业组织结构的扁平化，有利于企业将市场信息、技术信息与生存活动相结合，迅速调动企业内外资源，快速响应市场变化，满足用户的需求。

第二，人才是网络营销的必要条件。网络营销活动中，企业要想在市场竞争中取得优势地位，不仅要靠现有的技术、设备、资金等资源，还要靠那些能有效管理并很好地利用这些资源的高级人才。网络营销系统是现代高科技的结晶，要保证系统软件安全、可靠地运行，没有一批高技术人才显然是不行的；网络营销需要不断创新与动态管理，任何时候都摆脱不了对高技术人才的依赖；网络营销的管理者必须是既通晓商务营销理论又谙熟商务营销实践，既了解网络技术又能操作自如的复合型人才。

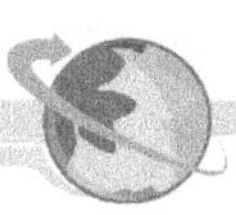

第三，企业内部管理信息化、网络化是网络营销的基础。开展网络营销活动，实现企业的快速应变，首先要建立企业的内部管理信息系统（management information system，MIS），建立起企业内部的局域网，然后将局域网与供应商、采购商连接建成广域网，最后进一步设立企业网站，建立电子商务系统，把自己的产品与服务推向全球用户。但是，如果内部的管理流程和信息处理能力还没有理顺，就急于开展网络营销、电子商务，很可能会被更大范围的运营问题弄得焦头烂额，也不能充分发挥网络在市场营销中的巨大潜能。

（二）供应商分析

1. 供应商的概念

供应商是指向企业及竞争者提供所需产品或服务等资源的企业和个人。供应商提供的资源在品种、规格、数量、质量上是否符合企业生产的要求，以及资源的价格、供货时间、供应商的资信等都直接关系着企业营销工作的成败与效果。对企业来说，应选择那些能保证质量、交货及时、供货条件好和价格低廉等因素实现最佳组合的供应商。同时应尽可能选择几家供应商，以避免对某一家供应商过分依赖，并与供应商建立长期的供销关系，以便在及时供货、价格方面享受优待。

2. 供应商对网络营销的影响

网络经济条件下，适应网络营销的要求，企业与供应商的关系主要表现出以下变化。

第一，企业对供应商的依赖性增强。网络营销条件下，企业可以选择的供应商数量虽然大大增加，但企业对供应商的依赖却丝毫没有减弱，而是加强了。这是因为企业为了达到降低成本、发挥企业优势、增强应变敏捷性的目的，会对企业的组织结构和业务流程进行重组或再造。企业常常只保留能形成企业核心竞争力的业务，裁去不必要的子公司或业务，将不属于自己的核心业务外包出去。显而易见，在此趋势下，企业面临的供应商大量增加，对供应商的依赖也日益增强。例如，耐克公司是全球最大的运动鞋制造商，却没有自己生产过一双鞋，分布全球的7000多名员工主要从事市场研究和产品设计。波音公司是世界上最大的飞机制造公司，却只生产座航和翼尖。

第二，企业与供应商的合作性更强。互联网的应用，使企业和供应商之间共享信息、共同设计产品、合作解决技术难题等变得更加容易，使企业和供应商之间也更易建立起长久合作的关系。例如，IBM公司为我国中小企业和服务性机构提供了有针对性的信息化解决方案，同时它也赢得了中国巨大的市场。

（三）营销中介分析

营销中介是指协助企业推广、销售和分配产品给最终购买者的那些企业和个人，主要包括中间商、物流配送机构、营销服务机构等。

1. 中间商分析

中间商是协助企业寻找顾客或直接与顾客进行交易的商业企业，可以分为经销商和代

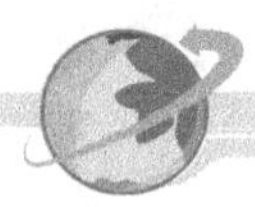

理商两类。经销商又可以分为批发商和零售商两类。网络经济条件下，中间商作用的变化对企业营销活动的影响主要表现为以下几点。

第一，网络中间商出现。网络经济条件下，有些企业建立了自己的网商销售网站，如海尔、联想等；有些企业自己的网站并不具有销售功能，但是自己的产品被许多网上商店经销或代理，如惠普、雀巢等；有些企业则在一些网上商城租用店面；还有些企业通过一些交易平台或购物搜索网站发布企业产品信息及网上与网下各销售网点的地址。毫无疑问，互联网为企业商品提供了一条全新高效的销售渠道。

第二，中小企业进入市场的障碍明显降低。过去由跨国公司所建立的国际分销网络的作用日益减弱，对中小企业竞争者造成的进入市场的障碍也随之降低。

第三，企业面向顾客的机会增多，对传统中间商的依赖性减弱。通过互联网，制造商可以与最终用户直接联系，商品流转中直接销售、直复营销的比例增大，批发商的许多职能可以被互联网技术所替代，零售商由于网上购物、无店铺销售的兴起，部分业务也将被取代。传统中间商在商品流转中的作用依次有所降低。网络营销活动中，过去由传统中间商承担的售前、售中、售后服务，由于中间商的减少而改由制造商自己解决。因此，如何更好地提供这些服务便是网络营销企业不得不面对的问题。

在传统企业实现电子商务、开展网络营销过程中，需要解决的一个重要问题是如何协调好与中间商的关系。中间商常常担心企业的网上营销对自己造成威胁。大多数传统企业似乎处于这样一个两难境地：或者开展电子商务，抛弃苦心经营多年的由中间商构筑的传统营销渠道，这种选择在现今电子商务社会环境不成熟和企业电子商务流程不完善的情况下，并非明智之举；或者固守传统的销售渠道，这种选择又会失掉电子商务的优势，错过网络经济的众多机会。所以，网络营销活动中，传统企业必须将原有的中间商纳入自己的电子商务系统中，最大限度地利用原有中间商，实现企业、中间商、消费者的共赢。

2. 物流配送机构分析

物流配送机构是指协助制造商储存产品或负责把产品从原产地运送到销售地的企业，主要包括仓储企业和运输企业。

企业的生产基地一般是集中的，而消费者则有可能分散到全世界。解决这个问题一般来说有 3 种方案：买方完成（取货）、卖方负责（送货）和第三方物流。第三方物流提供机构是一个为企业提供物流服务的组织，它们并不在供应链中占有一席之地，仅是第三方，但通过提供一整套物流活动来服务于供应链，企业对物流配送企业的依赖性将日渐加强。例如，国外的 UPS（美国联合包裹速递服务公司）、DHL（中外运敦豪航空货运有限公司）、FedEx（联邦快递）都进入我国，提供专业的物流服务。

物流配送机构对企业网络营销的影响主要表现为企业对物流配送企业的依赖性加强。由于互联网技术的发展，网下物流配送成了制约企业电子商务、网络营销的瓶颈性因素。这无疑为物流配送企业提供了良好的发展空间与营销机会。

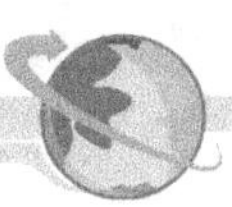

3. 营销服务机构分析

营销服务机构是指市场调研企业、广告代理企业、广告媒体机构、营销咨询策划公司、认证机构、信用评价机构、第三方支付机构、电子商务应用服务机构等。它们对网络营销活动的影响主要表现为企业对音效服务机构的依赖也日益增强。这是因为，网络经济条件下，企业面对的市场更加广阔，面临的营销问题更加复杂，面临的竞争更加激烈，面对的用户要求更加多样化。企业只有依靠这些专业的营销服务机构，才能更好地解决这一系列问题，它们可以协助企业选择最佳的目标市场，并帮助企业向选定的市场更好地进行产品推广。

（四）顾客分析

网络营销活动中，企业亟待解决的问题是以顾客需求为核心的顾客关系再造和顾客关系管理。网络营销活动中，与散布在全球各地的顾客群保持紧密的关系，了解顾客的特点，通过深入细致的消费者教育与企业形象塑造，建立起顾客对网上虚拟企业和网络营销的信任感，是网络营销成功的关键。网络经济条件下的网络营销目标市场、顾客消费观念、消费行为与传统经济条件下相比，会有很大差异，如何跨越时空、文化差异，实现顾客关系再造，将是企业网络营销需要深入研究的问题。在买方市场条件下，企业的一切营销活动都必然以顾客的需求为中心。顾客对企业提供的产品或服务是否认可，以及认可程度的高低，直接反映着企业营销活动成果。因此，如何通过互联网发现顾客、吸引顾客、满足顾客需求、留住顾客并与顾客建立稳固的联系等都是网络营销活动必须认真解决的问题。

（五）竞争者分析

一个社会的经济只要是商品经济，则在该社会中必然存在竞争。竞争给企业以压力，也增强了企业的活力；通过竞争实现了企业的优胜劣汰，也实现了社会资源的优化配置。网络经济条件下，在网上虚拟市场中，市场竞争出现新的格局，主要表现为以下几点。

1. 识别竞争者的难度加大

在覆盖全球的网上虚拟市场中，竞争对手数量大大增加，而且有很强的隐蔽性。同时，高新技术的应用行业边界也日益模糊，使竞争的面更宽，竞争对手也更加难以识别。

2. 企业竞争的国际化进程加快

互联网的应用加速了世界经济一体化的进程，企业间竞争的国际化日益明显。互联网贸易不受时间、地域的限制，不论企业的大小、强弱，在为每个竞争者提供大量机会的同时，也带来了竞争加剧的威胁。

3. 合作发展比竞争更重要

网络经济条件下，企业通过网络组成合作联盟，并以联盟所形成的资源规模创造竞争优势，将是未来企业经营的重要手段。运用网络与众多竞争者建立多元化、动态化的竞争与合作关系，既是企业生产与发展能力的一种体现，也是取得整体竞争优势的关键。

4. 不断的技术创新成为企业生存之本

传统经济条件下，创新是企业获取竞争优势的途径，可以说自主创新能力是一个国家或企业保持竞争力的首要武器。在网络经济条件下，不断创新将成为企业生存立命之本，对于企业，可以说不创新即死亡。高新技术产业的数字化、网络化、智能化将成为未来经济的主流，而这些都是以先进的技术和持续的创新为基础的。

（六）合作者分析

一般而言，企业发展的主要途径有 3 种：不借助外力而独自拓展，兼并或收购，建立战略联盟。在网络经济条件下，企业间建立合作性的战略联盟具有极其重要的意义。企业与合作方协力加速扩大市场容量，以便从中获得一定的市场份额，这正是战略联盟创造新市场的思想。在网络经济条件下，任何一个企业都离不开各方面合作伙伴的支持与保障。因此，企业还必须研究与处理与合作伙伴之间的关系。

小案例

大众点评网创建于 2003 年 4 月，是一个城市消费指南的网站，也是中国消费者对本地餐饮、休闲、娱乐等生活服务发表评论、分享信息的一个平台。大众点评网首创的第三方点评模式吸引了大量的会员积极参与，由用户点评包括餐饮、休闲、娱乐等生活服务的商户已覆盖全国 295 座城市。

（七）营销公众分析

公众是指对企业实现营销目标有现实或潜在影响的群体和个人。在网络经济条件下，网络的开放性、共享性决定了公众对企业的影响力不断加大。企业的公众除了顾客、营销中介及竞争者之外，还有媒介公众，即报纸、杂志、广播、电视等有广泛影响的大众传播媒体；政府公众，即与企业营销活动有关的政府机构，如工商管理局、税务局等；社团公众，即学校、医院、科研机构等社会团体；公众利益团体，如保护消费者利益组织、环境保护组织、少数民族组织等；一般公众，即与企业无直接利害关系，但其言论对企业网络营销有潜在影响的公众；社区公众，即与企业同处于某一区域的其他组织和个人；内部公众，即组织机构内部成员。这些公众，有的可能永远不会成为企业的现实顾客，但企业的行为直接或间接影响到他们的利益，企业营销的成效也或多或少，或直接或间接地受到这些公众舆论与行动的制约。与各类公众增加沟通与了解，得到各类公众的理解和支持，是企业做好营销的重要条件之一。

任务思考

1）什么是企业的网络营销环境？应分析哪些方面的内容？

2）你认为网络经济条件下，企业面临的环境因素发生了哪些变化？企业应该采取哪些对策？

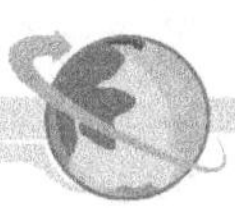

3）搜索整理网络流行语。这些流行语，哪些可以运用于企业或产品的网络营销活动中？这些网络用语的流行对企业开展网络营销有何启发？

任务二　制定网络营销环境对策

任务要求

能够对网络营销环境进行对策分析。

任务情景

小吴对当前网络营销环境的分析经理非常满意，但是面对这样的环境现状，公司又该如何应对呢？

任务实践

小吴利用搜索引擎收集整理了关于网络营销环境对策的知识，并帮助公司制定了相应的对策。

知 识 解 读

一、网络营销环境的分析方法

网络营销的宏观环境和微观环境随时都在发生程度不等的变化，出现各种大大小小的事件，但并非所有发生的事件都会影响企业的运营。企业可通过有组织地调研、预测与分析，将所有可能影响企业网络营销活动的环境因素变化引发的事件一一加以讨论，从而确定其对企业经营的影响程度。

在上述基础上，企业可采用威胁分析矩阵和机会分析矩阵来分析网络营销环境。

1. 威胁分析

威胁分析一般着眼于以下两个方面：一是分析事件造成威胁的严重程度；二是分析威胁出现的可能性（概率）。其分析矩阵如图 3-3 所示。

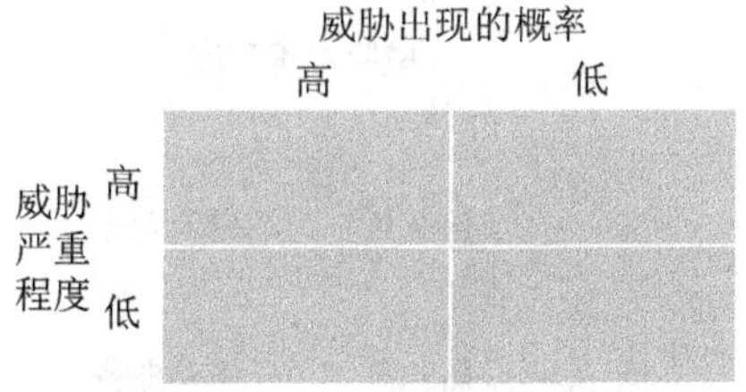

图 3-3　威胁分析矩阵

处于矩阵左上角位置的威胁严重程度和出现的概率都大，企业应予以特别重视，并制

定相应的对策；处于矩阵右下角位置的威胁严重程度和出现的概率都小，企业可不必过于担心；处于矩阵左下角的威胁严重程度小而出现的概率大；处于矩阵右上角的威胁严重程度大而出现的概率小，企业应密切监视其出现与发展，且必须立即制定对策。

2. 机会分析

机会分析主要考虑其潜在的吸引力和成功的可能性，其分析矩阵如图 3-4 所示。

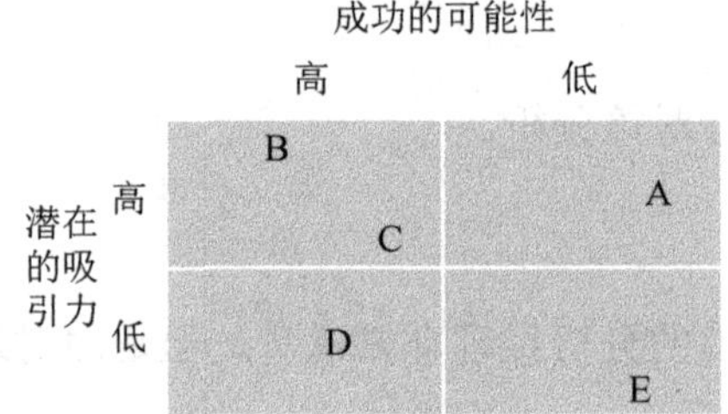

图 3-4　机会分析矩阵

处于 B、C 位置的机会，其潜在的吸引力和成功的可能性都大，有极大可能为企业带来收益，企业应把握机会全力发展；而处于 E 位置的机会，其潜在的吸引力和成功的可能性均小，企业应改善自身条件，注意机会的发展变化，审慎适时地开展网络营销活动；而处于 A、D 位置的机会，对于企业来说价值都不太大。

对市场机会的分析，必须分析机会的性质，以便企业寻找对自身发展最有利的机会，这种分析对企业开展网络营销具有现实意义。网络市场机会实质上是“网络市场未满足的需求”，伴随着需求的变化，会不断出现新的网络市场机会，但企业的环境机会并不一定是合适的机会。

企业通常有其特定的经营领域，出现在本企业经营领域内的网络市场机会，或者出现在与本企业经营领域交叉或结合部分的网络市场机会，是企业开展网络营销活动应予以重视的市场机会。企业既要注意环境变化之中的网络市场机会，更要面对未来，预测未来大多数人的消费倾向，发现和把握未来的网络市场机会。

通过上述环境事件的重要性分析，企业可对网络营销所处的环境形成一个综合的估计，即综合考虑面临的机会和威胁的程度，这种综合估计可用机会威胁综合矩阵来表示，如图 3-5 所示。

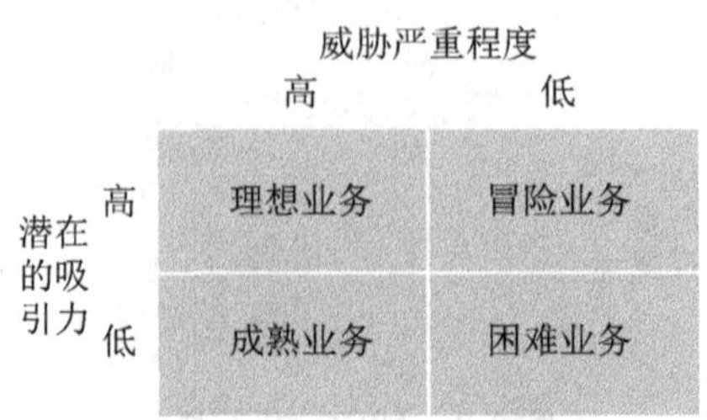

图 3-5　机会威胁综合矩阵

二、网络营销环境的对策

企业通过分析外部环境，可找出网络营销重大的发展机会和避开重大的威胁，以谋求企业的发展。对于威胁与机会不等的各种网络营销业务，企业可分别采取不同的对策。

1）对理想的网络营销业务，必须抓住机遇，迅速行动，否则将丧失战机。

2）对冒险的网络营销业务，既不宜冒进也不应迟疑不决，应审时度势，全面分析企业自身的优势和劣势，创造条件，争取实现突破性进展。

3）对成熟的网络营销业务，可作为企业的常规业务，同时为开展理想的网络营销业务和冒险的网络营销业务准备条件。

4）对困难的网络营销业务，要么努力改变环境，要么立即转移，摆脱暂时无法扭转的困境，等待新的市场机会的到来。

任务思考

1）什么是网络营销环境？其构成的要素有哪些？

2）网络营销的宏观环境包括哪些内容？

项 目 评 价

学生分组学习本项目，每小组 4～6 人。学完本项目后，各小组成员进行自评和互评；各小组组长将小组成员互评分汇总后算出平均分，作为小组评分；将自评分和小组评分结果交给任课教师，请任课教师打出教师评分。以上结果一并填入学习评价表，如表 3-1 所示。评分采用百分制，根据各项评分算出各列平均分。自评分、小组评分、教师评分分别占最终得分的 30%、30%和 40%，即最终得分=自评分平均分×30%+小组评分平均分×30%+教师评分平均分×40%。

表 3-1　学习评价表

学生姓名：　　　　　　　　班级：

<table>
<tr><th>常规目标</th><th>分类目标</th><th>自评分</th><th>小组评分</th><th>教师评分</th><th>最终得分</th></tr>
<tr><td rowspan="2">知识目标</td><td>掌握企业网络营销环境现状</td><td></td><td></td><td></td><td rowspan="6"></td></tr>
<tr><td>理解影响网络营销环境的因素</td><td></td><td></td><td></td></tr>
<tr><td rowspan="3">能力目标</td><td>能对网络营销环境变化做出迅即反应并具备分析判断能力</td><td></td><td></td><td></td></tr>
<tr><td>具备针对企业应对网络营销环境对策的创意规划能力</td><td></td><td></td><td></td></tr>
<tr><td>学会利用网络搜集信息，进行自主学习</td><td></td><td></td><td></td></tr>
<tr><td colspan="2">平均分</td><td></td><td></td><td></td></tr>
</table>

项目四　网络营销产品策略

教学目的和要求

1. 了解网络营销产品的概念。
2. 掌握网络营销产品的特点与分类。
3. 了解网络营销产品的开发与选择。
4. 理解网络营销的品牌战略。
5. 学会制定网络营销策略。

教学重点和难点

1. 网络营销产品的特点与分类。
2. 网络营销的品牌战略。
3. 制定网络营销策略。

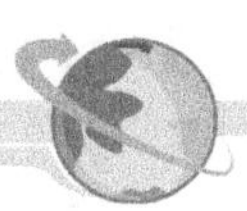

任务一　确定网络营销的产品

任务要求

掌握网络营销五大层次；理解网络营销产品的特点及分类。

任务情景

小吴为了给公司的在线销售选择一种具有生命力、经得起时间考验的产品，决定学习和研究网络营销产品的相关概念以及影响产品选择的因素等知识。

任务实践

1）小吴利用搜索引擎搜集了关于网络营销产品的概念等零散知识。

2）小吴了解了网络营销产品的特点及分类。

3）在上述理论知识基础上，小吴为公司选出了合适的产品进行网络营销。

知 识 解 读

一、网络营销产品概述

根据网络营销产品在满足消费者需求中的重要性，网络营销产品的整体概念可分为以下 5 个层次。

1）核心利益层次，是指产品能够提供给消费者的基本效用或益处，是消费者真正想要购买的基本效用或益处。例如，消费者购买食品的核心是为了满足充饥和营养的需要；购买计算机，是为了利用它作为上网的工具等。同一种产品可以有不同的核心需要，如人们对服装、鞋帽的需要，有些以保暖为主，有些则以美观为主。所以，要了解顾客需要的核心，以便进行有针对性的生产经营。

2）有形产品层次，是指产品在市场上出现时的具体物质形态，主要表现在品质、特征、式样、商标、包装等几个方面，它是核心利益的物质载体。

3）期望产品层次，是指在网络营销中，顾客占据主导地位，消费呈现出个性化的特征，不同的消费者对产品要求可能不一样，因此产品的设计和开发必须满足顾客这种个性化消费需求。

4）延伸产品层次，是指由产品的生产者或经营者提供的更深层次的服务，主要帮助用户更好地使用核心利益和服务。例如，一些企业可以提供信贷、质量保证、免费送货、售后服务等服务；美国 IBM 公司最先发现用户购买计算机，不只是购买进行计算的工具设备，更主要的是购买解决问题的服务，用户需要使用说明、软件程序、快速简便的维修方法等。因此，该公司率先向用户提供了一整套计算机体系，包括硬件、软件、安装、调试和教授使用与维修技术等一系列附加服务。

5）潜在产品层次，是指在延伸产品层次之外，由企业提供的能满足顾客潜在需求的产品层次。它主要是产品的一种增值服务，与延伸产品的主要区别是虽然顾客没有潜在产品

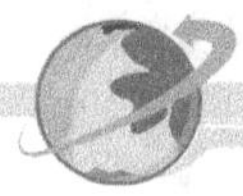

层次但仍然可以很好地使用顾客需要产品的核心利益和服务。

二、网络营销产品的特点

适合在互联网上销售的产品通常具有以下特征。

1. 产品形式大多易于数字化、信息化

通过网络可以销售任何形式的产品，但是目前看来，最适合进行网络营销的产品是那些易于数字化、信息化的产品，如音乐、电子图书、信息软件、信息服务等。

2. 产品性质一般属于质量差异不大的同质产品或非选购产品

网络的虚拟性使消费者无法在购买之前进行充分的比较和挑选，进行实时的评判，因此，适合网络营销的产品一般属于质量差异不大的同质产品或非选购产品。

3. 产品品牌一般是名牌企业的产品或名牌产品

一般名牌企业的产品或者知名网站经销的产品、名牌产品，属于质量差异比较大的异质产品，这些企业或产品已经在线下被消费者所认同，消费者采购时无须花费太多的精力进行比较选择。

4. 产品的顾客群一般容量大、覆盖范围广且配送容易

适合在网上销售或者能发挥网络营销优势的产品一般市场覆盖面和市场容量较大。如果产品的目标市场比较狭窄，就不能充分发挥出网络营销的优势，而且营销效益也不佳。

5. 产品价格一般要有低价优势

由于网络发展的初期使用免费和共享的形式，网络用户比较认同网络产品价格低廉的特征。实际上，通过网络营销的产品在商品销售形式、物流运输、储存、渠道等方面与传统销售有差别且呈现低成本的特点，因而网络营销一般采用低价格定价。

6. 产品的利益最好有不可替代的垄断性

网络营销一般应选择那些替代性不大、具有较强垄断性的产品，或者选择那些不太容易在网下设店经营的特殊品。

三、网络营销产品的分类

在网络上销售的产品，按照产品性质的不同，可以分为两大类：实体产品和虚拟产品。

1）实体产品。以物质实体的形式存在，一般有实体店存在，计算机网络可以辅助其营销渠道，但不能通过计算机网络来传递，必须依靠传统的运输系统。以光盘形式销售的软件、音乐、电影等由于其载体是物质形式的，只能算实物产品。从最流行的广度上即使分布到细微人群，它的预期使用也远高于虚拟产品，并且真正实在的物品对人不论是购买还是遗弃都有一种实质性的压力在其中。

2）虚拟产品——数字、服务。从消费者的角度来考虑，若一款虚拟产品使用的成本太

低，单击鼠标就可以体验，在信息化洪流中很容易冲动消费。

四、网络营销产品的开发与选择

在做网络生意之前应先问一下自己喜欢什么，擅长什么，即先确定卖什么产品，是卖产品还是卖服务，这样才能找到既省事又获利的电子商务模式。

（一）卖什么产品

1. 电子媒介产品是第一选择

电子书、数据库、游戏卡等的复制和运输成本几乎为零，是网络营销的首选产品。

2. 从爱好出发

自己擅长的领域就是选择产品的最好方向。

（二）卖产品还是卖服务

卖服务的优势是成本不高，无需进货，没有库存，只要有一技之长就可以操作；卖产品通常需要一定的启动资金，门槛稍微高一些。

在考虑是卖产品还是卖服务时，除了看自己能提供什么，还要在可能的情况下尽量往卖产品的方向发展。

卖服务还需要考虑以下方面。

1. 卖高端服务

提供高端服务时收取的费用不以时间来计算，而以价值来计算。当你的 1 小时可以解决客户在其他地方花 1 万元也无法解决的问题，你就可以收取 1 万元的服务费。

小案例

20 世纪初，美国福特公司正处于高速发展时期，每一辆刚刚下线的福特汽车都有许多人等着购买。有一次，福特公司的一台电机出了故障，相关的生产工作也被迫停了下来。公司调来大批检修工人反复检修，又请来许多专家，可怎么也找不到问题。有人提议去请著名的物理学家、电机专家斯坦门茨帮助。

斯坦门茨仔细检查了电机，然后用粉笔在电机外壳画了一条线，对工作人员说："打开电机，在记号处把里面的线圈减少 16 圈。"人们照办了，故障竟然排除了。

福特公司经理问斯坦门茨要多少酬金，斯坦门茨说："不多，只需要 1 万美元。"1 万美元？只是简简单单画了一条线而已！当时福特公司最著名的薪酬口号就是"月薪 5 美元"，以至于全美国许多经验丰富的技术工人和优秀的工程师为了这 5 美元月薪从各地涌来。斯坦门茨对此解释：画一条线，1 美元；知道在哪儿画线，9999 美元。福特公司经理不仅照价付酬，还重金聘用了斯坦门茨。

2. 把服务转化成产品

从长期看，卖产品比卖服务更有潜力。卖服务的本质是出卖时间，可扩展性有限。一个人一天如果能卖值 100 元的服务，要想卖到 1000 元的营业额，要么找 10 个人在一天完成，要么就一个人 10 天完成，基本上没办法减少时间或人员上的可变成本。

卖产品则不同，假设一个员工在一天内最多能处理的订单、发货或生产工作是 100 件，那么处理一件产品和 100 件产品的人力成本是一样的。从销售一件扩展到 1000 件，所需要增加的人员不会呈线性增长。所以卖产品比较有后劲，对未来的发展限制比较少。

小案例

某人在游轮上工作了十多年，他对游轮旅游内幕了如指掌。他想开一家公司，帮客户安排最好的旅游产品。有人建议他可以把自己所知道的行业内幕写成电子书在网上卖。

他知道哪个航线最好玩，船上有什么免费的好东西，哪些游乐项目实际价值最高，服务业者能提供的最低价格是多少，这些外人无从知晓。而且游轮旅游的花费经常要几千美元，用户不会在乎花几十美元买一本介绍游轮旅游内幕的书，既能帮助节省费用，又能找到最实惠好玩的旅游项目配套。

任务思考

打开你感兴趣的一家淘宝店铺，评价该店铺的产品分类是否合理、是否符合顾客的浏览习惯。

任务二 制定网络营销产品策略

任务要求

理解网络营销的品牌战略；学会制定网络营销策略。

任务情景

小吴确定了网络营销的产品之后，准备着手制定和研究产品策略。

任务实践

1）小吴就制定产品选择策略的方法组织团队内展开讨论。

2）小吴及其团队利用网络工具收集与整理了相关资料。

3）小吴及其团队以案例进行分析展示。

知识解读

一、产品组合策略的概念

产品组合是指一个企业生产或经营的全部产品线和产品项目的组合方式。它包括四个变数，即产品组合的宽度、长度、深度和关联度。

1）产品组合的宽度是指一个企业拥有的产品线数目。例如，宝洁公司生产清洁剂、牙膏、肥皂、纸尿布及纸巾，有 5 条产品线，表明产品组合的宽度为 5。

2）产品组合的长度是指企业所有产品线中的产品项目总数。例如，宝洁公司的牙膏产品线包括格利、克雷丝、登奎尔 3 种品牌的牙膏，则该产品线有 3 个产品项目。

3）产品组合的深度是指每一产品项目内的品种数目。例如，宝洁公司的克雷丝牙膏有 3 种规格和两种配方，则克雷丝牙膏的深度就是 6。如果我们能计算出每一产品项目的品种数目，就可以计算出该产品组合的平均深度。

4）产品组合的关联度是指各产品线在最终用途、生产条件、分销渠道或者其他方面相互关联的程度。

产品组合策略即企业根据市场需求、竞争形势和自身能力对产品组合的宽度、长度、深度和关联度方面做出的决策。由于产品组合的宽度、长度、深度和关联度同销售业绩有密切的关系，因此在网络营销中，确定经营哪些产品或服务，明确产品之间的相互关系，是企业产品组合策略的主要内容。

二、网络营销产品组合策略

企业在做出产品组合的决策时，根据不同的情况和目标市场的不同特点，可以选择以下几种策略。

1. 扩大产品组合策略

扩大产品组合策略也称全线全面型策略，即扩展产品组合的长度和宽度，增加产品系列或项目，扩大经营范围，以满足市场需要。例如，亚马逊在稳稳占领了图书这个主营商品市场后，开始增加新的经营品种，其业务范围从图书和音像制品成功地拓展到其他利润丰厚的商品中。

该策略有利于综合利用企业资源，扩大经营规模，降低经营成本，提高企业竞争能力；有利于满足客户的多种需求，进入和占领多个细分市场。但要求企业具有多条分销渠道，采用多种促销方式，对企业资源条件要求较高。

2. 缩减产品组合策略

缩减产品组合策略也称市场专业型策略，即缩减产品组合的长度和宽度，减少一些产品系列或项目，集中力量经营一个系列的产品或少数产品项目，提高专业化水平，以求从经营较少的产品中获得较多的利润。

该策略有利于企业减少资金占用，加速资金周转；有利于广告促销和明确分销渠道，从而提高营销效率。

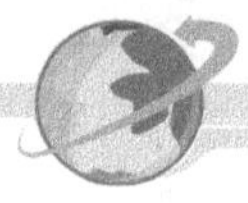

三、产品延伸策略

每一个企业所经营的产品都有其特定的市场定位。产品延伸策略是指全部或部分地改变企业原有产品的市场定位。其具体做法有向上延伸、向下延伸和双向延伸 3 种。

1. 向上延伸

向上延伸即由原来经营低档产品，改为增加经营高档产品。它可提高企业及现有产品的声望。

消费者购买商品，不但取得了产品的所有权及其附加的当期收益，而且取得了各种远期收益。例如，现在大多数软件商承诺用户可以享受免费的软件升级服务。

2. 向下延伸

向下延伸即由原来经营高档产品，改为增加经营低档产品。它可吸引受经济条件限制的消费者，扩大企业的市场规模。

例如，总资产和年销售额都曾创造过世界第一的美国通用汽车公司，在网站上不仅销售新车，同时还提供旧车交易服务。如今，此举已被美国其他厂商及日本、新西兰、新加坡等国的汽车经销商或网络公司纷纷效仿。

3. 双向延伸

双向延伸即由原经营中档产品，改为增加经营高档和低档产品。原定位于中档产品市场的企业掌握了市场优势后采取双向延伸策略，可使企业同时获得上述两种延伸所产生的效果。

对于开展网络营销的企业来说，产品不但包括要出售的货物，还包括各种服务及可增值的信息。因此，双向延伸也不仅仅是增加传统意义上的高档或低档产品，更是要在产品的各个组成部分中进行延伸。

例如，企业可以为每个产品的客户制定一种相应的服务方案，包括送货服务方式、安装和培训服务及维修服务等，以增加服务的价值；为所有客户提供一系列可增值的信息，如供应商的生产能力、产品前景预测、产品设计、保修、交易和送货条款等。通过这些延伸达到提高产品附加值和市场占有率的目的。

四、网络营销新产品开发策略

与传统新产品开发一样，网络营销新产品开发策略也有以下几种类型，但策略制定的环境和操作方法不同。

1. 新产品策略

新产品策略即开创一个全新市场的产品的策略。这种策略是网络时代最有效的策略，一般适合创新公司。网络时代使市场需求发生了根本性的变化，消费者的需求和消费心理也发生了重大的变化。因此，如果有很好的产品构思和服务概念，即使没有资本也可以凭借它获得成功，因为许多风险投资机构愿意投入互联网市场。

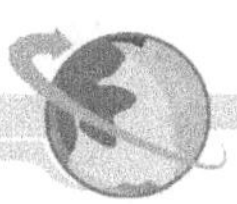

例如，我国专门为企业服务的阿里巴巴网站，就是凭借其独到的为企业提供网上免费或低收费中介服务的概念使公司迅速成长起来的。目前，它已成为国内较成功的网络企业。

2. 新产品线策略

新产品线策略是指使企业首次进入现有市场的新产品的策略。这种策略往往是企业应对竞争者模仿的一种很好的防御性策略。互联网的技术扩散速度非常快，利用互联网迅速模仿和研制开发出已有产品也是许多企业采用的一条捷径。由于在互联网竞争中，一招领先便可招招领先，因此一定要使新产品尽快形成新产品线。

3. 现有产品线外新增加的产品策略

现有产品线外新增加的产品策略即补充企业现有产品线的新产品的策略。由于市场不断细分，市场需求的差异性增大，因而这种策略是一种比较有效的策略。首先，它能满足不同层次的差异性需求；其次，它能以较低的风险进行新产品开发，因为它是在已经成功的产品上再进行的开发。

4. 现有产品的改良品或更新品策略

现有产品的改良品或更新品策略即提供改善了的功能或较大感知价值并且替换现有产品的新产品的策略。在网络市场中，消费者具有很大的选择权。企业在面对消费者需求品质日益提高的驱动下，必须不断改进现有产品和进行升级换代，否则很容易被市场淘汰。目前，产品的信息化、智能化和网络化是必须考虑的，如电视机的数字化和上网功能。

5. 降低成本的产品策略

降低成本的产品策略即提供同样功能但成本较低的新产品的策略。虽然网络消费者注重个性化消费，但个性化消费不等同于高档次消费，它意味着消费者根据自己的个人情况（包括收入、地位、家庭及爱好等）来确定自己的需要。因此，消费者的消费意识更趋于理性化，消费者更强调产品带来的价值，同时也包括所花费的代价。

在网络营销中，产品的价格总的来说呈下降趋势，因此，提供相同功能但成本更低的产品更能满足日益成熟的市场需求。

6. 重定位产品策略

重定位产品策略即以新的市场或细分市场为目标市场来定位现有产品的策略。这种策略在网络营销初期是可以考虑的，因为网络营销面对的是更加广泛的市场空间，企业可以突破时空限制，以有限的营销费用去占领更多的市场。

在广大的全球市场上，企业重新定位产品可以获得更多的市场机会。例如，国内的中档家电产品通过互联网进入其他发展中国家市场，可以将产品重新定位为高档产品。

企业采取哪种网络营销产品策略可以根据企业的实际情况来决定，但结合网络市场的特点，注重开发新市场的新产品是增强企业竞争力的核心。

对于相对成熟的企业，可以采用新产品策略作为一种短期内较稳妥的策略，但不能作为企业长期的新产品开发策略。

任务思考

搜集 3 款不同的网络品牌产品，并分析其成功的原因和所使用的产品策略。

项 目 评 价

学生分组学习本项目，每小组 4～6 人。学完本项目后，各小组成员进行自评和互评；各小组组长将小组成员互评分汇总后算出平均分，作为小组评分；将自评分和小组评分结果交给任课教师，请任课教师打出教师评分。以上结果一并填入学习评价表，如表 4-1 所示。评分采用百分制，根据各项评分算出各列平均分。自评分、小组评分、教师评分分别占最终得分的 30%、30%和 40%，即最终得分=自评分平均分×30%+小组评分平均分×30%+教师评分平均分×40%。

表 4-1　学习评价表

学生姓名：　　　　　　　　班级：

常规目标	分类目标	自评分	小组评分	教师评分	最终得分
知识目标	了解网络营销产品的概念				
	掌握网络营销产品的特点、分类				
	了解网络营销产品的开发、选择				
能力目标	学会制定网络营销的品牌战略				
	学会利用网络搜集信息，进行自主学习				
平均分					

项目五　网络营销价格策略

教学目的和要求

1．能够通过网络判定企业定价的目标依据。
2．能够根据网络定价的特点，分析对企业定价的影响因素。
3．会使用网络定价策略比较各种定价方法的优势。
4．能对不同网络产品进行定价。

教学重点和难点

1．网络营销价格策略。
2．定价的方法和技巧。
3．各种定价方法和策略之间的差异。

任务一 认识产品价格

任务要求

了解网络营销价格策略；掌握定价的方法和技巧。

任务情景

小吴所在的公司将在淘宝网上开设店铺，并进行尝试性经营，如果收到好的效果，公司将会大力支持和投入。

任务实践

小吴准备对网上类似产品的价格进行对比。

1）小吴打开淘宝网，在商品搜索栏输入“榨汁机 家用”（图 5-1）进行搜索，随后设置了“80～500 元”的价格筛选条件，搜索结果如图 5-2 所示。

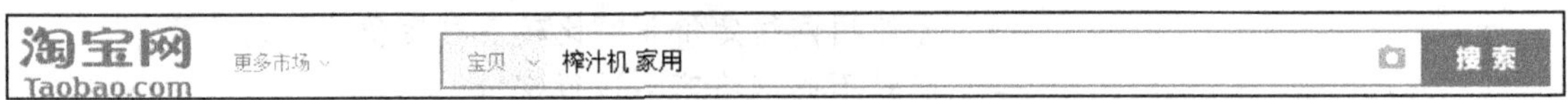

图 5-1 在商品搜索栏输入“榨汁机 家用”

图 5-2 搜索结果

2）小吴在网络上对家用榨汁机和保温杯的价格及其性能进行了仔细的研究，并对淘宝网和京东的相关信息进行比较。

3）小吴统计相关数据，为选择定价方法和策略做好准备。

知识解读

一、企业的定价目标

企业的定价目标是指企业为实现其经营目标而对产品定价提出的总要求，它是指导企

业进行价格决策的依据，也是企业进行价格决策的首要过程。

定价目标包括利润目标、销量目标和竞争目标。

其中，利润目标有 3 种：①以获取投资收益为目标；②以获取合理利润为目标；③以获取最大利润为目标。

销量目标也有 3 种：①以最大销量或销售额为目标；②以保持和扩大市场占有率为目标；③以保持与分销渠道的良好关系为目标。

竞争目标有 4 种：①以维持企业生存为目标；②以保持和稳定价格为目标；③以应付和避免价格竞争为目标；④以取得市场领先地位为目标。

二、网络营销定价的基础

利用网络营销可有效降低企业的各项成本及库存，从而为网络营销定价提供较大的活动余地。

1. 降低采购成本

企业的采购如果管理不善，采购的原料价格过于昂贵或者质量低下，那么即使在生产过程中加强管理和控制，最终其产品也将受到直接影响。而采购过程中之所以经常出现问题，是因为过多的人为因素和信息闭塞，通过互联网可以减少人为因素和信息不畅通的问题，最大限度地降低采购成本。

1）利用互联网将采购信息进行整合和处理，统一从供应商处订货，以求获得最大的批量折扣。

2）通过互联网实现库存、订购管理的自动化和科学化，最大限度地减少人为因素的干预，同时能以较高效率进行采购，从而可以节省大量人力并避免人为因素造成不必要的损失。

3）通过互联网可以与供应商进行信息共享，可以帮助供应商按照企业的生产需要进行供应，同时又不影响生产和增加库存产品。

此外，由于在网上能找到更多的合作厂商，厂商之间的竞争必然会导致价格的下降。

2. 降低库存

利用互联网将生产信息、库存信息和采购系统连接在一起，可以实现实时订购，最大限度地降低库存，实现“零库存”管理。这样做的好处：一方面可以减少资金占用和仓储成本，另一方面可以避免价格波动对产品的影响。

3. 降低生产成本

利用互联网可以节省大量的生产成本。首先，利用互联网可以对生产进行最有效的管理，可以为每种配套产品在全球范围内寻找最合适的生产厂家；其次，通过信息和资源共享，以及全球范围的协同开发，可大大缩短产品开发周期，从而缩短产品开发时间。

三、网络营销定价的特点

1. 全球化

网络营销面对的是开放的和全球化的市场，用户可以在世界各地直接通过网站选购商

品，而不必考虑网站属于哪个国家或地区。这种目标市场从过去受地理位置限制的局部市场，拓展到范围广泛的全球性市场，使得网络营销产品定价时必须考虑目标市场范围的变化所带来的影响。

如果产品的来源地和销售目的地与传统市场渠道类似，则可以采用原来的定价方法。如果产品的来源地和销售目的地与原来传统市场渠道相差甚远，那么定价时就必须考虑这种地理位置差异所带来的影响。

由于企业面对的是全球性的网络市场，因此企业不能以统一的定价策略来面对差异性极大的全球性市场，而必须采用全球化和本地化相结合的原则。

2. 价格趋低化

互联网是从科学研究应用发展而来的，因此互联网使用者的主导观念为网上的信息产品是免费的、开放的和自由的。在互联网商用的早期，许多网站采用收费的方式想直接从互联网获利，结果被证明是失败的。

随着互联网商用的推广和发展，网上消费者逐步接受了网上产品不是免费的观念，但还是有一种对互联网上的信息和产品是低廉的心理期望。根据调查，60%的网上消费者是因为网上产品便宜才上网购买的。

网上产品定价较传统定价要低的另一个基础是成本费用降低，如前所述，互联网的发展可以从诸多方面来帮助企业降低成本费用，从而使企业有更大的降价空间来满足顾客的需求。

因此，定价过高或者降价空间有限的网上产品，在现阶段最好不要在市场上销售。如果面对的是高新技术的新产品，网上顾客主要考虑的是方便、新潮而对产品的价格不太敏感。

3. 顾客主导定价

所谓顾客主导定价，是指为满足顾客的需求，顾客通过充分市场信息来选择购买或者定制生产自己满意的产品或服务，同时顾客以最小代价（产品价格、购买费用等）获得产品或服务。简单地说，就是顾客的价值最大化，顾客以最小的成本获得最大的收益。

顾客主导定价的策略主要有顾客定制生产定价和拍卖市场定价。根据调查分析，由顾客主导定价的产品并不比企业主导定价获取的利润低。因此，顾客主导定价是一种双赢的发展策略，既能更好地满足顾客的需求，同时又不影响企业的收益，而且可以对目标市场了解得更充分，使企业的经营生产和产品研制开发更加符合市场竞争的需要。

小案例

亚马逊书店是世界上销售量最大的书店，它可以提供310万种图书，远远超过全球最大的书店。亚马逊书店的1600名员工人均销售额为37.5万美元，比全球最大的拥有2.7万名员工的Bames＆Noble图书公司要高3倍以上。

亚马逊书店之所以能得到如此巨大的发展，主要得益于其出色的经营策略。在价格策略方面，亚马逊书店采用的是折扣价格策略。亚马逊曾经自称是举世最大的折扣者，有 40 万种以上的书目可以进行折扣优

惠，最多给予高达 40%的折扣。的确，少了中间商的抽成促使亚马逊书店销售的书籍或其他商品有着较平实的价格。

提供实惠的商品是贝索斯（亚马逊书店的创始人）的坚定信念，他曾经表示："拒绝提供折扣优惠是一项极大的错误。大部分网络企业失败的原因在于错估了价值的定理。"

有媒体曾问过贝索斯："一家公司如何在网络上获取最大的市场？"贝索斯回答道："在网络上价格必须有竞争力，值得庆幸的是，网络商业相较于传统商业来说属于规模化商业，从而可以最大程度上降低成本。"以实惠的价格建立竞争力并回馈顾客，始终是贝索斯的重要经营策略。

任务思考

有一家网店（甲店）专门为顾客量身定做个性产品，主要经营时尚小饰品、手机套等商品。iPhone 6s 上市后，该店根据顾客的需求，欲定制 1 万个很有个性的手机套，每个手机套的成本是 30 元，售价是 50 元。另一家（乙店）类似的网店认为经营手机套具有发展前景，于是也想定制 4 万个该款手机套，成本是 25 元。为了争夺市场，乙店决定与甲店同时推出该款手机套，每个定价为 40 元。

现在，甲乙两店面临如下两种选择：

第一，两店竞争，甲店也以 40 元出售手机套。

第二，两店联合，一起定制 5 万个手机套，甲店承担 20%的成本费用，乙店承担 80%的成本费用，所获利润也按同等比例分配。由于联合，成本降低为每个 22 元，售价定为 40 元每个。

思考：

1）在两店竞争，甲店降价情况下，市场总销售量超出多少时，乙店盈利才可比甲店多？

2）两店竞争，甲店可能不降价的情况下，市场总销售量超出多少时，甲店才能保本？

任务二　制定价格策略

任务要求

能够使用网络定价策略比较各种定价方法的优势；能对不同网络产品进行定价。

任务情景

小吴为公司的产品定价选择了方法和技巧，接下来就要应用适当的定价策略，为公司的产品开辟网上市场。

任务实践

小吴根据选择的产品定价的方法，开始着手制定一系列的定价策略，以吸引更多顾客的关注。

1）小吴利用搜索引擎输入关键词"网络营销产品定价策略"进行了搜索，结果如

图 5-3 所示。

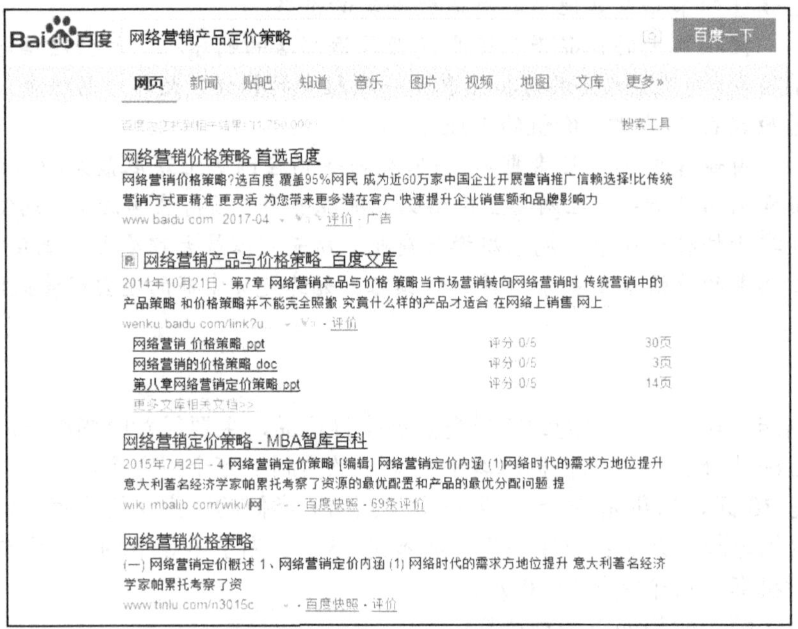

图 5-3 “网络营销产品定价策略”搜索结果

2）小吴查阅了相关的知识点，并进行了学习。

3）小吴使用关键词“淘宝产品定价策略”进行了搜索，结果如图 5-4 所示。

图 5-4 “淘宝产品定价策略”搜索结果

4）小吴非常认真地研究了淘宝卖家的定价策略、实施方案等，为自己的公司选择了适

当的定价策略。

知 识 解 读

传统的市场营销定价策略同样适合于网络市场。网络定价策略种类繁多且易变，最常见的有 6 种，如图 5-5 所示。

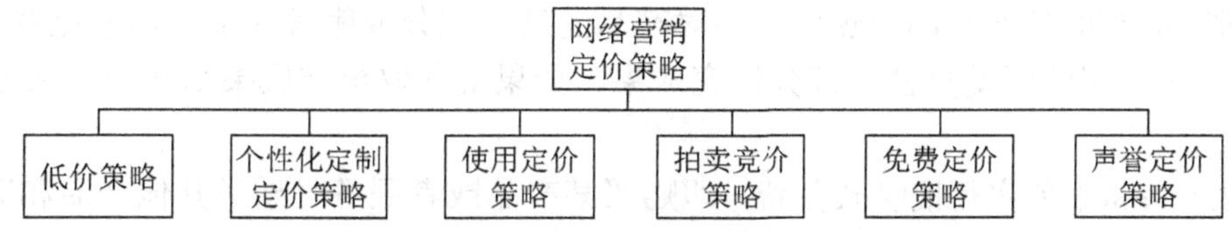

图 5-5　网络营销定价策略

一、低价策略

低价策略是网络营销中除了免费定价外，对消费者最具有吸引力的定价方式。低价策略有以下几种。

1）直接低价定价策略。制造业企业进行网上直销一般采用这种定价方式。

2）折扣策略。为激励消费者多购买本企业商品，可采用数量折扣策略或现金折扣策略。

3）网上促销定价策略。企业为了促成网上销售的良好势头和推广新产品，常采用促销定价策略，比较常用的是有奖销售和附带赠品销售。

二、个性化定制定价策略

个性化定制定价策略是利用网络互动性的特征，根据消费者的具体要求来确定商品价格的策略。

三、使用定价策略

所谓使用定价策略，就是顾客通过互联网注册后可以直接使用某公司产品， 顾客只需要根据使用次数进行付费，而不需要将产品完全购买的策略。

四、拍卖竞价策略

网上拍卖是网络营销目前发展较快的领域，是一种市场化的、较合理的方式。国际通行的拍卖竞价方式主要有两种，即增价拍卖和减价拍卖。增价拍卖又称“英国式拍卖”或“估低价拍卖”，是指价格上行的拍卖方式，即拍卖标的的竞价由低至高、依次递增，直到以最高价格成交为止。减价拍卖又称“荷兰式拍卖”，是指价格下行的拍卖方式，即拍卖标的的竞价由高到低、依次递减，直到以适当的价格成交为止。

五、免费定价策略

免费定价策略就是将企业的产品和服务免费提供给顾客使用的策略。它主要有以下几种形式。

1）产品和服务完全免费，即产品（服务）从购买、使用到售后服务的所有环节都实行免费服务。例如，《人民日报》的电子版在网上可以免费阅读。

2）对产品和服务实行限制免费，即产品（服务）可以被有限次使用，超过一定期限或者次数后，则取消这种免费服务。例如，金山软件公司曾免费赠送 WPS 2000 软件 99 次的使用权限，次数用完后则需要付款方可继续使用。

3）对产品和服务实行部分免费，即对产品的某一部分或服务的某一环节免费。例如，一些著名研究公司的网站只公布部分研究成果，如果要获取全部成果则必须付款成为公司客户。

4）对产品和服务实行捆绑式免费，即购买某产品或者服务时赠送其他产品和服务。例如，国内的一些 ISP（internet service provider，互联网服务提供商）为了吸引接入用户，推出了上网免费送 PC（personal computer，个人计算机）的市场活动。

免费定价策略之所以在互联网上流行，是有其深刻背景的。一方面是因为互联网的发展得益于免费价格策略的实施；另一方面是因为互联网的发展速度和增长潜力令人生畏，任何有眼光的企业都不会放弃发展成长的机会，而免费定价策略则是最有效的市场占领手段。

目前，企业在网络营销中采用免费定价策略，其目的之一是让用户养成免费使用习惯后再开始收费。例如，金山公司曾经允许消费者在互联网下载限次使用的 WPS 2000 软件，其目的就是想让消费者在形成使用习惯后，花钱购买正版软件。这种免费策略主要是一种促销策略，与传统营销策略类似。另一目的是想发掘后续商业价值。这是从战略发展的需要来制定定价策略的，其主要目的是先占领市场，再在市场上获取收益。

例如，Yahoo 公司通过免费建设门户站点，经过 4 年的亏损经营后，才通过广告收入等间接收益扭亏为盈。但在前 4 年的亏损经营中，公司却得到了飞速的发展，这主要得益于股票市场对公司的认可和支持，因为股票市场看好其未来的增长潜力，而 Yahoo 的免费定价策略恰好占领了未来市场，具有很大的市场竞争优势和巨大的市场盈利潜力。

六、声誉定价策略

声誉定价策略即针对消费者追求价高质优的心理，对在消费者心目中享有一定声望、具有较高信誉的产品制定高价的策略。不少高级名牌产品和稀缺产品，如豪华轿车、高档手表、名牌时装等，在消费者心目中享有极高的声誉价值。购买这些产品的人，往往不关心产品本身，而最关心的是产品能否显示其身份和地位，价格越高则其心理满足的程度也就越大。

案例分析

休布雷公司在美国伏特加酒的市场上属于营销出色的公司，其生产的史密诺夫酒在伏特加酒的市场占有率达 23%。20 世纪 60 年代，另一家公司推出一种新型伏特加酒，其质量不比史密诺夫酒差，每瓶价格却低 1 美元。

按照惯例，休布雷公司有 3 条对策可选择：

1）降低 1 美元，以保住市场占有率。

2）维持原价，通过增加广告费用和销售支出来与对手竞争。

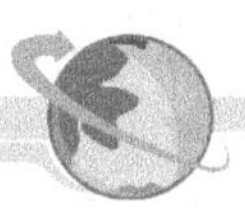

3）维持原价，听任其市场占有率降低。

由此看出，不论该公司采取上述哪种策略，休布雷公司都将处于市场的被动地位。

但是，该公司的市场营销人员经过深思熟虑后，却采取了对方意想不到的第四种策略。那就是，将史密诺夫酒的价格再提高 1 美元，同时推出一种与竞争对手新伏特加酒价格一样的瑞色加酒和另一种价格更低的波波酒。

这一策略，一方面提高了史密诺夫酒的地位，同时使竞争对手的新产品沦为一种普通的品牌。结果，休布雷公司不仅渡过了难关，而且利润大增。实际上，休布雷公司的上述 3 种产品的味道和成分几乎相同，只是该公司懂得以不同的价格来销售相同的产品的策略而已。

任务拓展

假设京东打算销售一款空气炸锅，对比应做到以下几个方面：

1）在网络上搜索相关产品的价格，并进行比较。

2）统计相关产品在网络中的销量及评价。

3）为京东采购部制订一份采购建议书，其中包括应该采购的品牌、采购价格的限制；给销售制订一份建议书，其中包括该产品的定价策略、具体价格。

项 目 评 价

学生分组学习本项目，每小组 4～6 人。学完本项目后，各小组成员进行自评和互评；各小组组长将小组成员互评分汇总后算出平均分作为小组评分；将自评分和小组评分结果交给任课教师，请任课教师打出教师评分。以上结果一并填入学习评价表，如表 5-1 所示。评分采用百分制，根据各项评分算出各列平均分。自评分、小组评分、教师评分分别占最终得分的 30%、30%和 40%，即最终得分=自评分平均分×30%+小组评分平均分×30%+教师评分平均分×40%。

表 5-1　学习评价表

学生姓名：　　　　　　　　班级：

常规目标	分类目标	自评分	小组评分	教师评分	最终得分
知识目标	了解网络营销价格策略				
	掌握定价的方法和技巧				
能力目标	能确定产品市场价格，确定价格目标				
	能对不同的网络产品进行定价				
	能正确选择定价方法和定价策略				
平均分					

项目六　网络营销渠道策略

教学目的和要求

1．了解网络营销渠道的概念。
2．理解网络营销渠道的功能和分类。
3．熟悉网络营销渠道的建设。
4．了解网上直销的概念。

教学重点和难点

1．网络营销渠道的概念。
2．网络营销渠道的功能和分类。
3．网络营销渠道的建设。

任务一　认识网络营销渠道

任务要求

了解网络营销渠道的概念；理解网络营销渠道的功能和分类。

任务情景

随着网络经济的快速发展，小吴所在的公司前期利用网络营销在网络市场上占据了一定的位置。网络营销在现代企业营销中越来越重要，小吴所在的公司应该如何利用网络营销渠道提高销量？

任务实践

1）小吴通过搜索引擎了解了网络营销渠道的相关知识。

2）小吴对网络营销渠道功能及类型进行了学习。

3）小吴团队成员纷纷发表对网络营销渠道的看法，为公司利用网络营销渠道拓展了思路。

知 识 解 读

一、网络营销渠道的概念和特点

1. 网络营销渠道的概念

营销渠道是指与为提供产品或服务以供使用或消费这一过程有关的一整套相互依存的机构，它涉及信息沟通、资金转移和实物转移等。网络销售渠道就是借助互联网将产品从生产者转移到消费者的中间环节。

2. 网络营销渠道的特点

与传统营销渠道对比，网络营销渠道的特点主要体现在以下几个方面。

（1）中介模式

传统营销渠道主要由参加商品流通过程的各种类型的机构组成。通过这些机构形成的网络，商品才能上市销售（从生产者流向消费者）。网络营销的中介模式为电子交易市场，其实质是在线中间商承担着为买卖双方收集信息的角色，同时利用其在各地的分支机构承担着批发商和零售商的角色。

电子交易市场使交易活动常规化，并将商业中介机构的数目减少到一个，使商品流通的费用降到最低限度。电子交易市场还提供一系列的增值服务，为中小企业提供更多的交易机会。

（2）商品所有权的转移

在商品从生产者流向最后消费者或用户的流通过程中，商品的所有权至少要转移一次，而网络销售却并不一定如此。例如，金山软件公司直接在网上销售杀毒软件金山毒霸时，可以根据消费者的使用次数收费，而并不转移使用权。

二、网络营销渠道的功能

与传统营销渠道一样，以互联网作为支撑的网络营销渠道也应具备传统营销渠道的功能。

网络营销渠道一方面要为消费者提供产品信息，方便消费者进行产品的选择；另一方面，在消费者选择产品后要能完成一手交钱、一手交货的交易手续（交钱和交货不一定要同时进行）。因此，一个完善的网络营销渠道应具备三大功能，即订货功能、结算功能和配送功能。

（1）订货功能

网络营销渠道为消费者提供产品信息，同时方便厂家获取消费者的需求信息，以求达到供求平衡。一个完善的订货系统，可以最大限度地降低库存，减少销售费用，因此许多企业特别是与计算机相关的行业发展得最快。

例如，美国 Dell 公司通过其网上订货系统，2000 年时每天的销售额高达 5000 万美元，当年的年销售额则达到了 320 亿美元，占公司总收入的 60%以上。我国的联想公司在其开通网上订货系统的当天，订货额就高达 8500 万元。可见，网上订货系统的发展潜力巨大。

（2）结算功能

消费者在购买产品后，希望可以有多种付款方式供选择，因而厂家（商家）应向客户提供多种结算方式。现在国内大部分银行陆续开通了网上银行，支持网上支付，如招商银行与“一卡通”配套的“一网通”、中国银行以信用卡为基础的“电子钱包”和中国建设银行提供的“网上银行”等。

在我国目前的网上支付结算领域，阿里巴巴于 2004 年创建的支付宝为中国电子商务提供了“简单、安全、快速”的在线支付解决方案。短短几年时间，支付宝用户覆盖了整个 C2C、B2C（business to customer，商对客的电子商务模式）和 B2B 领域。目前国内各大商业银行及中国邮政、VISA 国际组织等各大机构也均和支付宝建立了深入的战略合作关系。

（3）配送功能

一般来说，产品分为有形产品和无形产品，对于无形产品（如服务、软件和音乐等），可以直接通过网上进行配送；而对于有形产品的配送，则要涉及运输和仓储的问题。

在国外，已经形成了专业的配送公司，如著名的美国联邦快递公司，其业务覆盖全球，实现了全球快速的专递服务，以至于从事网上直销的戴尔公司将美国的货物配送业务也交给它来完成。因此，国外网上商店发展较为迅速的一个原因就是有良好的专业配送服务体系作为支撑。

目前，我国专业性的配送企业还不够多，某些小城镇及农村一般通过邮局邮寄，从而影响了消费者的购物效率，也制约了网店的销售覆盖范围。

三、网络营销渠道的类型

在传统营销渠道中，营销中间商是重要组成部分，他们凭借与上下游企业的业务往来

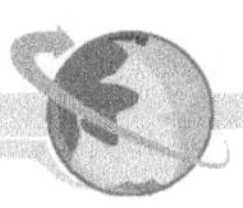

关系、经验、专业化和规模经营，提供给公司的利润通常高于自营商店所能获取的利润。但互联网的发展和商业应用，使得传统营销中间商凭借地缘获取的优势被互联网的虚拟性所取代，同时互联网的高效率的信息交换也在改变着过去传统营销渠道的诸多环节，将错综复杂关系简化为单一关系。

网络营销渠道可以分为以下两种类型。

1. 网络直接营销渠道

网络直接营销渠道是指互联网实现的从生产者到消费者（使用者）的营销渠道。

2. 网络间接营销渠道

网络间接营销渠道是指融入互联网技术后的中间商机构提供的营销渠道。

四、网络营销渠道的建设

以常见的网络营销模式（B2B 和 B2C）举例说明网络营销渠道建设的要点。

1）B2B 模式。这种模式每次交易量很大，交易次数少，并且购买方比较集中，因此其网络销售渠道建设的关键是建好订货系统，方便购买企业进行选择。

2）B2C 模式。这种模式的每次交易量小，交易次数多，而且购买者非常分散，因此其网络渠道建设的关键是建好结算系统和配送系统。

在具体建设网络营销渠道时，还要考虑以下几个方面。

1）从消费者角度设计渠道，只有采用消费者比较放心、容易接受的方式才有可能吸引消费者进行网上购物。

2）设计订货系统时，要简单明了，不要让消费者填写太多信息，而应该采用现在流行的“购物车”方式模拟超市，在购物结束后一次性进行结算。

3）在选择结算方式时，应考虑目前实际发展状况，应尽量提供多种方式方便消费者选择，同时还要考虑网上结算的安全性。

4）关键是建立完善的配送系统。消费者只有看到购买商品到家后，才能真正感到踏实，因此建设快速的有效配送服务系统是非常重要的。

任务二 开展网络直销

任务要求

了解网络直销的概念；理解网络直销的竞争优势；掌握物流管理与控制。

任务情景

小吴所在的公司在过去一直以传统的营销手段为主，如今已经进军网络市场。小吴深知将传统的营销渠道运用在网络市场中必将出现“水土不服”的情形，因此，应该掌握适合网络市场的营销渠道。

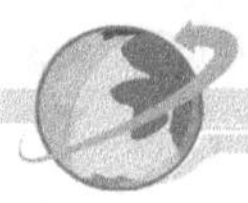

任务实践

1）小吴利用搜索引擎掌握了网络直销的相关知识。

2）小吴及其团队利用网络直销为开展实际的网络市场营销做好了准备。

知 识 解 读

一、网络直销概述

网络直销与传统直接分销渠道一样，都没有营销中间商。与传统营销渠道相类似，网络营销也要具备订货功能、支付功能和配送功能。

网络直销与传统直接分销渠道不一样的是，生产企业可以通过建设网络营销站点，顾客可以直接从网站进行订货，通过与一些电子商务服务机构合作，可以通过网站直接提供支付结算功能。网络直销的配送，可以利用互联网技术来构造有效的物流系统，也可以通过互联网与一些专业物流公司进行合作，建立有效的物流体系。

与传统营销渠道相比，不管是网络直销渠道还是网络间接营销渠道，都有许多更具竞争优势的地方。

1）利用互联网的交互特性，网络营销渠道从过去的单向信息沟通变成双向直接信息沟通，从而增强了生产者与消费者的直接连接。一方面，企业可以在互联网上直接发布有关产品的价格、性能和使用方法等方面的信息；另一方面，消费者也可以通过互联网直接访问了解产品信息，做出合理的购买决策；同时，生产者还可以直接了解消费者对产品购买和使用的反馈信息。

2）网络营销渠道可以提供更加便捷的相关服务。一是生产者可以通过互联网提供支付服务，顾客可以直接在网上订货和付款，然后等着送货上门，这大大方便了顾客的需要。二是生产者可以通过网络营销渠道为客户提供售后服务和技术支持，特别是对于一些技术性较强的行业（如 IT 业），可以提供网上远程技术支持和培训服务，这既方便了顾客，同时生产者又可以以最小的成本为顾客服务。

3）网络营销渠道的高效性，可以大大减少过去传统分销渠道中的流通环节，有效降低成本。利用网络直接营销渠道，开展网络直销，生产者可以根据顾客的订单按需生产，实现零库存管理。同时，网上直接销售还可以减少过去依靠推销员上门推销的昂贵的销售费用，最大限度地控制营销成本。

二、网络直销企业的物流管理与控制

根据营销学家菲利浦·科特勒对物流的定义：物流是指计划、执行与控制原材料和最终产品从产地到使用地点的实际流程，并在盈利的基础上满足顾客的需求。

物流的作用是管理供应链，即从供应商到最终用户的价值增加的流程。因此，物流管理者的任务是协调供应商、采购代理、市场营销人员、渠道成员和顾客之间的关系。

物流是企业整个营销过程中的一个环节。物流过程贯穿营销始终：从销售预测、库存管理、运输到顾客服务。物流过程就像一条绳索，将所有营销内容（如计划、预算和订单处理等）连接成一个有机的整体。对于一个企业而言，这就是一个系统。在顾客通过互联

网订货、付款后，如果不能及时送货上门，那网上直销也就失去了意义。

对于开展网络直销的生产企业而言，可以有以下两种途径管理和控制物流：一是利用自己的力量建设自己的物流系统；二是通过选择合作伙伴，利用专业的物流公司为网络直销提供物流服务，这是大多数企业的发展趋势。

为配合网络直销的顺利实施，不论是依靠自己的物流系统，还是利用外部的专业物流服务公司，基于互联网技术的现代物流系统一般都具有如下特点。

（1）顾客直接驱动

对于专业性物流服务公司，物流系统中的物流启动和运转都是围绕服务顾客这一宗旨而进行的。启动物流的是顾客的送货订单，顾客的需求是及时送货上门。所以，现在的物流系统一般采用现代化的信息技术来保证物流信息的畅通，以提高物流效率。

（2）全面服务性

随着产品的复杂性和使用的专业性的增强，物流服务的内涵不断扩展。以前货物快递只需送到门口，现在需延展到桌面。特别是电子产品，很多客户需要企业提供安装服务。此外，还有代收款服务。

（3）可跟踪性

顾客控制货物的送货进度，需要了解货物最近的送达地点，以及送到目的地的时间。因此，现在的物流系统通过互联网技术，允许顾客直接通过互联网了解产品的送货过程。

任务拓展

搜集整理并分析关于网络直销的实例。

项 目 评 价

学生分组学习本项目，每小组 4～6 人。学完本项目后，各小组成员进行自评和互评；各小组组长将小组成员互评分汇总后算出平均分，作为小组评分；将自评分和小组评分结果交给任课教师，请任课教师打出教师评分。以上结果一并填入学习评价表，如表 6-1 所示。评分采用百分制，根据各项评分算出各列平均分。自评分、小组评分、教师评分分别占最终得分的 30%、30%和 40%，即最终得分=自评分平均分×30%+小组评分平均分×30%+教师评分平均分×40%。

表 6-1　学习评价表

学生姓名：　　　　　　班级：

常规目标	分类目标	自评分	小组评分	教师评分	最终得分
知识目标	了解网络营销渠道的概念				
	了解网络直销的概念				
	理解网络营销渠道的功能和分类				
能力目标	掌握物流管理与控制				
	能够利用网络搜集信息，进行自主学习				
平均分					

7

项目七　网络促销策略

教学目的和要求

1. 了解网络促销的概念、特点及分类。
2. 了解网络促销和传统促销的差别。
3. 理解网络促销的作用。
4. 了解网络广告的概念、分类和特点。
5. 熟悉网络广告发布的基本思路及方式。

教学重点和难点

1. 网络促销的概念、特点、分类及作用。
2. 网络促销和传统促销的差别。
3. 网络广告的特点。
4. 网络广告发布的基本思路及方式。

任务一　认识网络促销

任务要求

了解网络促销的概念、特点、分类及作用；理解网络促销与传统促销的差别。

任务情景

小吴所在的公司做好前期准备工作后开始走上电子商务之路，开通了公司网站、淘宝网店并进行在线销售，但是几个月后，网店销售业绩惨淡，小吴及其团队进行了深刻的总结和思考。

任务实践

1）小吴很快发现企业淘宝店铺流量低下、销量不佳的原因是前期准备工作中，团队人员没有充分意识到网络促销的重要性。

2）小吴及其团队开始搜索并学习了网络促销的相关知识。

知 识 解 读

一、网络促销的概念与特点

网络促销是指利用现代化的网络技术向虚拟市场传递有关商品和劳务的信息，以启发用户需要，引起用户的购买欲望和购买行为的各种活动。

网络促销的特点如下：

1）网络促销是在互联网虚拟市场上进行的。互联网虚拟市场的出现，将所有的企业，无论其规模的大小，都推向了一个统一的全球大市场，传统的区域性市场的小圈子正在被逐步打破，企业不得不直接面对激烈的国际竞争。

2）网络促销通过网络传递商品和服务的性能、功效及特征等信息。多媒体技术提供了近似现实交易过程中的商品表现形式，双向的、快捷的信息传播模式，将互不见面的交易双方的意愿表达得淋漓尽致，也留给对方充分思考的时间。

二、网络促销的分类

常见的网络促销活动有网络广告促销、网络站点促销、搜索引擎促销和电子邮件促销，以及其他新的促销方式。

1）网络广告促销是指通过 ISP 进行广告宣传，开展促销活动的促销方式。它具有宣传面广、影响力大的特点，但其费用相对偏高。

2）网络站点促销主要是指利用企业自己的网络站点树立企业形象，宣传产品，开展促销活动的促销方式。它具有直接性特点，快速、简便，费用较低。

3）搜索引擎营销就是根据用户使用搜索引擎的方式，利用用户检索信息的机会尽可能

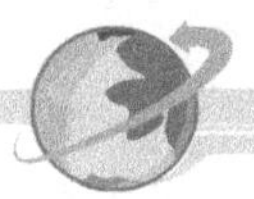

将营销信息传递给目标用户的促销方式。

4）电子邮件促销主要是利用电子邮件向用户传递各种商品信息的一种促销活动。它具有廉价、简洁的特点。

此外，还有病毒性促销、伙伴营销等网络促销方式。

三、网络促销与传统促销的差别

1. 时空观念的变化

传统的商品销售和消费者群体都有地理半径的限制，网络营销大大突破了这个地理半径，使之成为全球范围的竞争；传统的产品订货有时间的限制，而在网络上，订货和购买可以在任何时间进行。

2. 信息沟通方式的变化

在网上，信息沟通渠道是单一的，而沟通又是十分丰富的。网络可视化的发展，双向的、快捷的信息传播模式，实现了买卖双方意愿最大限度的交流。

3. 消费群体和消费行为的变化

上网购物者是一个特殊的消费群体，具有不同于消费大众的消费需求。这些消费者直接参与生产和商业流通的循环，普遍实行大范围的选择和理性的购买。

4. 对网络促销的新理解

网络促销虽然与传统促销的最终目的是相同的，整个促销过程的设计具有很多相似之处，但是应从新角度去认识、理解这种依赖现代网络技术、与顾客不见面、完全通过网络交流思想和意愿的商品推销形式，通过与传统促销的比较体会两者之间的差别，打开网络促销的新局面。

四、网络促销的作用

1）告知功能，即把企业的产品、服务、价格等信息传递给目标公众。

2）说服功能，即通过各种有效的方式，消除目标公众对产品或服务的疑虑，让他们拥有坚定购买的决心。

3）反馈功能，即通过电子邮件及时地收集和汇总顾客的需求和意见，迅速反馈给企业管理层。

4）创造需求功能，即运作良好的网络促销活动，发掘潜在的顾客，扩大销售量。

5）稳定销售功能，即通过适当的网络促销活动，树立良好的产品形象和企业形象，使更多的用户形成对本企业产品的偏爱，达到稳定销售的目的。

任务思考

什么是网络促销？

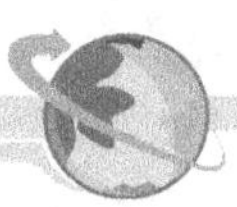

任务二 认识网络广告

任务要求

了解网络广告的概念；掌握网络广告的分类；了解网络广告的特点。

任务情景

小吴及其团队认识了网络促销，接下来就要进行网络广告发布，将公司的产品在网络市场进行宣传推广。

任务实践

1）小吴及其团队利用搜索引擎了解了网络广告的概念。

2）小吴及其团队讨论了网络广告的特点。

3）小吴及其团队利用网络工具采集到了相关实例以分析网络广告分类。

知 识 解 读

一、网络广告的概念

从技术层面看，网络广告是指以数字代码为载体，采用先进的电子多媒体技术设计制作，通过互联网广泛传播，具有良好的交互功能的广告形式。

从法律角度看，网络广告有狭义和广义之分。狭义的网络广告是指互联网信息服务提供者通过互联网在网站或网页上以旗帜、按钮、文字链接、电子邮件等形式发布的广告。

广义的网络广告是指商品经营者或者服务提供者承担费用，通过一定媒介和形式直接或者间接地介绍自己所推销的商品或者所提供的服务的商业广告。

二、网络广告的分类

网络广告的表现形式丰富多彩，大致有下列几种形式。

1. 按钮型广告

按钮型广告也称图标广告，是网络广告最早且较常见的形式。其通常是一个链接着公司主页或站点的公司标志，并注明“Click Me”字样，希望网络浏览者主动点击，如图 7-1 所示。

按钮型广告的尺寸有 4 种：125 像素×125 像素、120 像素×90 像素、120 像素×60 像素和 88 像素×31 像素。由于尺寸偏小，故表现手法较简单，只显示一个标志性图案（如商标），没有标语也没有正文。

按钮型广告通常放在网页左上角，其不足之处是具有被动性和局限性，它要求浏览者通过主动点击才能够了解有关企业或产品的更为详尽的信息。

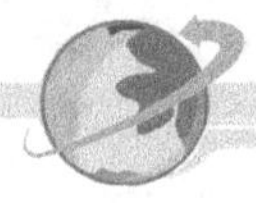

2. 旗帜广告

旗帜广告又称横幅广告、标牌广告或网幅广告，是目前较常见的广告形式。此种广告允许客户用极其简练的语言和图片介绍企业的产品或宣传企业形象，如图 7-1 所示。

旗帜广告分为非链接型和链接型两种。非链接型旗帜广告不与广告主的主页或网站相链接，浏览者可以通过点击该旗帜广告，进而看到广告主想要传递的更为详细的信息；链接型旗帜广告与广告主的主页或网站相链接，浏览者点击后，可以了解更多关于企业或产品的信息。

图 7-1　按钮型广告和旗帜广告示例

旗帜广告的大小一般为 468 像素×60 像素或 233 像素×30 像素，可位于页面或栏目的顶部或底部。为了吸引更多浏览者注意并点击，旗帜广告通常利用多种多样的艺术形式进行处理。例如，做成动画形式，具有跳动效果和霓虹灯的闪烁效果等。此种广告重在树立企业形象，提高企业的知名度，具有可定向性、可跟踪性和交互性好等特点。

3. 主页型广告

主页型广告是指企业将所要发布的信息内容分门别类地制作成主页，放置在网络服务商的站点或企业自己的站点上的一种网络广告形式。通过主页型广告，用户可以详细、全面地了解企业的相关信息，如企业的发展规划、主要产品与技术、产品订单、售后服务和联系办法等。

4. 分类广告

分类广告类似报纸杂志中的分类广告，是一种专门提供广告信息服务的站点。站点中提供按照产品或者企业等方法分类的可检索的深度广告信息，为那些想要了解广告信息的访问者提供一种快捷有效的途径。

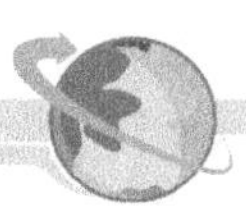

5. 电子邮件广告

电子邮件广告是指利用电子邮件或电子邮件列表，将广告信息按类别发向用户许可的邮件地址的一种网络广告形式。

电子邮件广告通常采用文本格式，将一段广告性的文字放置在新闻邮件或经用户许可的电子邮件页面中，也可以设置一个 URL（uniform resource locator，统一资源定位符，也称网页地址），链接到广告主公司主页或提供产品或服务的特定界面。电子邮件广告具有针对性强、费用低和广告内容不受限制等特点。

6. 新闻式广告

新闻式广告是指利用网上虚拟社区、BBS（bulletin board system 电子公告牌系统）或博客以新闻形式发布有关产品和企业信息的一种网络广告形式。

7. 文字链接

文字链接采用文字做标识建立链接，点击该文字标识后可以链接到相关网页，因此也称链接广告。此种广告点击率高，效果好，通常用于分类栏目中。

8. 移动广告

移动广告是一种可以在屏幕上移动的小型图片广告，用户单击该小型图片时，该广告会自动扩大展示广告版面，如图 7-2 所示。

图 7-2　移动广告示例

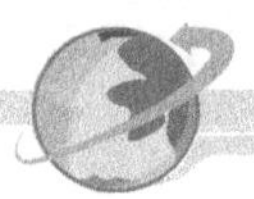

目前，移动广告在许多网站的主页上很流行，但是由于此种广告在页面上飘忽不定，会影响浏览者的视觉，让人厌烦，所以具有一定的负面效应。

9. 通栏广告

通栏广告是一种横贯页面的网络广告形式，尺寸为770像素×100像素。由于该广告尺寸较大，视觉冲击力强，能给浏览者留下深刻的印象，因此特别适合活动信息发布、产品推广和庆典等。

10. 巨型广告

巨型广告是目前销量剧增的广告形式，也称为“画中画”广告。此种广告通常被嵌入新闻或者专题报道等文章内页，四周文字环绕，访客在阅读文字的同时会关注相关广告。

该类型广告通常使用 Flash 技术制作，从而赋予了平面广告更多的信息内涵、互动功能和多媒体特色等。

11. 全屏广告

全屏广告是指当用户打开浏览页面时，该广告以全屏方式出现3～5秒，以吸引浏览者注意，然后逐渐缩小成普通的旗帜广告，使浏览者进入正常的阅读界面的一种网络广告形式。全屏广告可以是静态的页面，也可以是动态的Flash动画，如图7-3所示。

图 7-3　全屏广告示例

12. 网上视频广告

网上视频广告是指直接将广告客户提供的电视广告转成网络格式，实现在线播放的一种网络广告形式。

三、网络广告的特点

网络广告具有传统媒体广告共有的特点，但又有传统媒体广告无法比拟的特点，主要体现在以下8个方面。

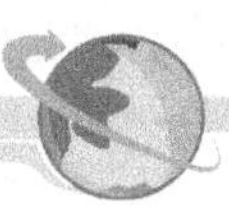

1. 交互性强

传统媒体广告的信息沟通是单向的，消费者只是被动地接受广告信息；而网络广告是一种交互式的“活”广告。消费者通过点击自己感兴趣的产品广告的主页，可以进一步详细了解产品的信息，甚至可以直接与商家进行信息咨询和交易洽谈，而商家也可以随时得到消费者的反馈信息。

2. 灵活而快捷

传统媒体广告从策划、制作到发布需要经过很多环节，制作成本高，投放周期固定，而且一旦信息发布后信息内容就很难改变，即使可改动也需要付出很大的经济代价，难以实现广告信息的及时更改。而网络广告制作周期短，能够按照企业经营决策的变化及时地变更广告内容。另外，网络广告的信息可快捷地反馈给商家，商家可以及时了解网络广告的效果。

3. 成本低廉

网络广告的费用远低于传统的媒体广告，其 CPM（cost per impressions，每千人印象费用）约为报纸的 1/5，约为电视的 1/8。

4. 感官性强

网络广告以多媒体或超文本格式文件作为载体，采用文字、声音、图像、动画和动态影像等表现形式，能够传送多种感官信息，让顾客身临其境般地体验到广告所表现出来的商品或服务的特征。

5. 传播范围广

通过互联网发布的广告传播范围广，不受时间和地域的限制，没有传统媒体发行范围的限制，可以迅速将信息传播至互联网覆盖的世界各地。

6. 信息容量大

在每一个网络广告条后面，广告主可以把自己的公司及公司所有产品和服务的详细资料通过链接呈现给浏览者，相当于不受限制地增加了广告信息而不需要支付更多的广告费用，这是传统媒体无法做到的。

7. 受众明确

在互联网世界里，具有共同爱好和兴趣的成员往往聚合成一个团体，无形中就形成了市场细分后的目标顾客群。网站一般建有完整的用户数据库，可以帮助广告主分析市场和受众的特点，从而使企业可以根据这些明确的目标顾客群有针对性地投放网络广告。

8. 受众数量可准确统计

利用传统媒体做广告，无法确切地知道有多少人接收到了广告信息，以及接收到信息

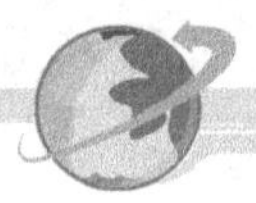

的受众的反馈情况，因此广告的评价和控制就变得比较困难。而在互联网上发布的网络广告，可以通过权威、公正的访客流量统计系统获得这些数据。通过对这些数据进行分析，广告主可以实时评估广告效果，进而审定自己的广告策略，并及时进行调整。

任务思考

网络广告的类型有哪些？试举例说明。

任务三 发布网络广告

任务要求

了解网络广告发布的基本思路；掌握网络广告发布的方式。

任务情景

小吴通过前期学习对网络促销有了一定的了解，但还需进行网络促销推广实战，帮助企业赢得消费者。

任务实践

1）小吴通过网络工具概括出了网络广告发布的基本思路。
2）小吴收集了网络促销推广的典型案例，并总结出了分析网络广告发布的策略。

知 识 解 读

一、网络广告发布的基本思路

1. 引起注意

注意程度的大小与刺激的强弱成正比。突出的目标、移动的画面、鲜艳的色彩会引起人们不同程度的注意。例如，农夫山泉在新浪网上投放的广告“有机会同冠军同游千岛湖”，就是以“免费”为切入点吸引网民注意力的。

2. 主旨明确

一个专业的、有营销意识的网络广告，应该让访问者（潜在客源）能马上了解这个网络广告及其业务。网络广告缺乏主旨，就没有灵魂。

3. 内容新颖

只有独到的新颖的刺激才能给受众留下深刻的记忆痕迹。所以，广告宣传要求构思别具一格，要求具有思维的新颖性品质。

4. 照顾大多数人

网络广告的目的是促进销售，因此应该照顾绝大多数人的情况，采用适当的技术手段，

突出文案内容，以保证有尽量大的传播面。在网络广告文案内容的安排及文字风格处理上，也应贯彻照顾大多数人的原则。

二、网络广告发布的方式

传统的广告发布采取代理制，即广告主不能直接通过媒体发布广告，而必须委托有资格的广告代理公司代理发布业务。网络技术的飞速发展给广告代理制带来了一定的冲击，广告主可以自己通过互联网发布企业的广告。

从目前情况来看，企业一般可以根据自身的需求，从以下几种方式中选择一种或几种方式来发布网络广告。

1. 建立公司主页

对于大公司来说，建立自己的主页是一种必然趋势，这样不仅能够树立起公司的形象，而且能够更好地宣传公司的产品。

实际上，通过互联网做广告，归根到底是要设立公司自己的主页，因为公司的主页本身就是广告。其他的网络形式，如黄页、工业名录、网上报纸或者新闻组等通过提供一种快速链接至公司主页的形式来发布广告。因此在互联网上做广告，建立公司的主页是最根本的。

2. 通过网络内容服务商发布广告

互联网内容服务商（internet content provider，ICP）提供了大量的互联网用户需要的、感兴趣的和免费的信息，因此吸引了大量的网民，成为互联网上最引人关注的站点；同时，ICP 还提供了很多的广告展位，广告主可以在这些站点上发布广告。目前，国内有很多这样的 ICP，如新浪、搜狐、网易和 ChinaByte 等。

3. 利用专类销售网发布广告

专类销售网是专门销售某类产品的电子商务网站，如国际上著名的 Automobile Buyer' Network 和 Autobytel 等。企业只要将产品广告直接发布在这些网站上，就可以轻松地将公司的产品呈现给全球的相关用户。例如，消费者考虑购买汽车时，很可能首先通过专门销售汽车的网站进行信息查询。如果汽车代理商和销售商在这些网站上发布了广告信息，就很有可能被消费者查询到。

4. 应用免费的互联网服务发布广告

在互联网上有许多的免费服务，如国内的 www.hotmail.com、www.163.com 和 www.263.net 等网站都提供免费的电子邮件服务，很多用户喜欢使用它们。企业可以利用这些免费服务传送广告，最典型的是为广告主将广告主动、定向地发送至使用免费电子邮件服务又想查询此方面内容的用户邮箱中。

5. 采用黄页形式

在互联网上有一些专门提供信息检索服务的站点，如百度和搜狗等。这些站点就如同

电话黄页，将众多企业广告按关键词划分，为企业提供关键词广告服务。

6. 列入企业名录

一些 ISP 或政府机构会将一些企业信息融入它们的主页中。用户在浏览这些网页的时候，如果对一些企业感兴趣，可以直接点击链接进入相应企业的主页，查看相关的信息。

7. 借助网上报纸或杂志发布广告

随着互联网技术的发展，一些世界著名的报纸和杂志，如《华尔街日报》《商业周刊》《人民日报》《中国日报》等，纷纷在互联网上建立了自己的 Web 主页。更有一些新兴的报纸和杂志一开始就以一种“网上报纸和杂志”的形式呈现。网上报纸和杂志与传统的报纸和杂志一样，已经成为报纸或杂志阅读爱好者必不可少的生活伴侣。对于注重广告宣传的公司来说，在这些网上报纸和杂志上做广告也是一种很好的选择。

8. 使用虚拟社区和公告牌发布广告

虚拟社区和公告牌是现在网上比较流行的交流沟通渠道，任何用户只要遵守一定的礼仪都可以成为其成员，在上面发表自己的观点和看法。广告主可以通过在虚拟社区和公告牌上发布产品广告，以及与公司产品相关的评论、建议的方式为企业和产品做广告宣传。

9. 使用新闻组发布广告

新闻组是一种常见的互联网服务，它与公告牌相似。人人都可以订阅它，成为它的成员。每个新闻组的成员都可以在该新闻组上阅读大量的公告，也可以发表自己的公告或回复他人的公告。

选择在与本公司产品相关的新闻组上发表自己的公告，也是一种非常有效的宣传产品的方式。

10. 在广告交换网上发布广告

广告交换网可以为每个连入互联网的企业提供互惠互利、互为免费的广告交换服务，从而达到以最小投入在多个网络站点发布广告的目的。当然，每个参加广告交换网的企业都必须有自己的网站。

11. 利用电子邮件发布广告

电子邮件广告是指将广告内容嵌入电子邮件中或直接以电子邮件形式发送至经用户许可的电子邮箱中的一种广告发布形式，可以是一次性的，也可以是定期的。

应用电子邮件发布广告的优点：可准确地向目标消费群投放广告，节约广告成本；广告制作和维护简单快捷，成本低；对目标市场的覆盖率高；等等。

任务思考

发布网络广告的方式有哪些？

项 目 评 价

学生分组学习本项目，每小组4～6人。学完本项目后，各小组成员进行自评和互评，各小组组长将小组成员互评分汇总后算出平均分，作为小组评分，将自评分和小组评分结果交给任课教师，请任课教师打出教师评分。以上结果一并填入学习评价表，如表7-1所示。评分采用百分制，根据各项评分算出各列平均分。自评分、小组评分、教师评分分别占最终得分的30%、30%和40%，即最终得分=自评分平均分×30%+小组评分平均分×30%+教师评分平均分×40%。

表7-1　学习评价表

学生姓名：　　　　　　　班级：

常规目标	分类目标	自评分	小组评分	教师评分	最终得分
知识目标	掌握网络促销的概念、特点及分类				
	了解网络促销和传统促销的差别				
	了解网络广告概述及分类				
	理解网络促销的作用				
能力目标	熟悉网络广告发布的基本思路及方式				
	学会利用网络搜集信息，进行自主学习				
平均分					

项目八　网络营销综合实战

教学目的和要求

能够通过实际案例掌握网络营销方法。

教学重点和难点

1．网络营销的基础知识。
2．网络营销的推广方式。
3．网络营销的特点。

任务 某运动专营店网络营销实战

任务要求

巩固网络营销的基础知识；根据实际案例利用网络营销手段完成网络营销推广。

任务情景

某运动专营店的宝贝标题有“×××冲锋衣户外旅行风雨六合一情侣套绒TAMB×××/TAMB×××”“冲锋衣2016秋冬户外正品男式TIEF套绒旅行风雨衣”“背包户外男女款30升双肩背包运动旅行包登山包TEBC×××”等。这些标题的设置都遵循了以下要求。

该运动专营店是天猫商城上的一家专业户外运动品牌的授权店，产品质量稳定，深受用户好评。为了迎接一年一度的“双11”[①]，天猫商城上的各个商家一进入下半年就开始抓紧备战，该运动专营店也不例外。2016年，这家运动专营店为了在“双11”取得不凡的业绩，从前期筹备开始，到蓄水期（8月24日～10月20日）、预热期（10月21日～11月10日），一直到“双11”引爆日都下了不少功夫。经营者利用相应的网络推广工具和合适的网络营销推广手段，达到了更好更快寻找目标客户、占领市场、做大做强市场的目的。

实战分析

一、前期准备

（一）优化宝贝标题

为了尽可能多地增加被搜索中的概率，要为商品设置一个合适的标题，不仅要吸引买家，还要让买家对商品的特性一目了然。

一个完整的宝贝标题应该包括以下3个部分。

第一部分是商品名称，要让客户一眼就能明白这是什么东西。

第二部分是感官词，描述准确的感官词在很大程度上可以提升买家打开宝贝链接的兴趣。

第三部分是优化词，商家可以使用与产品相关的优化词来增加宝贝被搜索到的概率。

以该运动专营店热销的一款冲锋衣为例，宝贝标题如图8-1所示。

图8-1 宝贝标题示例

① “双11”网购狂欢节源于原淘宝商城（天猫）于2009年11月11日举办的促销活动，当时参与的商家数量和促销力度均比较有限，但营业额远超预想的效果，于是11月11日成为天猫商城举办大规模促销活动的固定日期。近年来“双11”已成为中国电子商务行业的年度盛事。

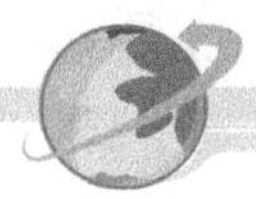

“专柜正品××××冲锋衣男女套绒三合一 TAWC×××/TAWC×××”这个标题会让买家对产品产生信赖感。“冲锋衣”“男女套绒”是优化词，它们能够让商品的潜在客户更容易地找到宝贝。

在宝贝标题中，感官词和优化词是增加搜索量和点击量的重要组成部分，但不是必需的，唯独商品名称是必须描述具备的。

1. 标题要清晰明确

宝贝标题不能让人产生误解，应该准确而且清晰，让买家能够一眼扫过轻松读懂。例如，图 8-1 所示的宝贝标题中包含的商品品类——“冲锋衣”。

2. 标题字词应合理组合

宝贝的标题最长不能超过 60 个字节，也就是 30 个汉字，在组合理想的情况下，包含越多的关键字，被搜索到的概率就越大。例如，“任务情景”中列出的标题也包含季节、性别及产品相关的关键词，如“秋冬”“男式”“30 升”等。

3. 注明价格信号

价格是每个买家关注的内容之一，也是最能直接刺激买家、形成购买行为的因素。所以，如果店里的宝贝具备一定的价格优势，或是正在进行优惠促销活动，完全可以用“特价”“清仓特卖”“包邮”“买一送一”等简短有力的词在标题中注明。

4. 体现进货渠道

如果店铺的商品是厂家直供或从国外直接购进的，可在标题中加以注明，以突出商品的独特性。

（二）优化宝贝描述

在网上购物，影响买家购买行为的一个重要因素就是宝贝描述，很多卖家会花费大量的心思在宝贝描述上。以下是该运动专营店撰写宝贝描述的技巧。

1. 拍摄好商品照片

在发布宝贝描述前还要拍摄并处理好商品照片。图片的好坏直接关系到交易的成败，一张好的商品图片能向买家传递很多信息，基本能反映出商品的类别、款式、颜色、材质等基本信息。在这个基础上，要求图片清晰、主题突出、颜色还原准确，除此之外，还可以在图片上添加货号、美化装饰品、店铺防盗水印等。图 8-2 所示为该运动专营店的商品照片，既有品牌 Logo，又能反映出户外冲锋衣的主流色及特有的产品卖点。

2. 附加热销商品，进行个性化推荐

在宝贝描述中也可以添加相关推荐商品，如本店热销商品、特价商品等。如果买家对当前所浏览的商品不满意，在看到商家销售的其他商品后，也许会产生购买的欲望。如果买家已经决定购买现在所浏览的商品，在浏览其他搭配商品后，也许会产生再购买另外商

品的打算。卖家应让买家更多地接触店铺的商品，增加商品的宣传力度。如图 8-3 所示，向客户推荐诸多当前热卖的宝贝，让客户有更多的选择。

图 8-2 专营店的商品照片

图 8-3 热销宝贝

3. 宝贝描述的开头应吸引人，应快速激发客户的兴趣

宝贝描述开头的作用是吸引买家的注意力，立刻激起他们的兴趣，给他们一种想继续浏览的感觉。

不管写什么样的产品描述，必须首先了解潜在客户的需求。了解他们在想什么，找到吸引他们感兴趣的东西，想方设法把商品和买家的兴趣联系在一起。例如，该运动专营店某款宝贝的详情描述如图 8-4 所示，既表现了女式套线冲锋衣的基本属性，包括配色材质、

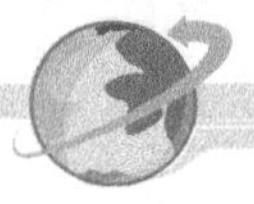

价格等，也介绍了买家关心的产品细节，如面料的特殊性、款式的新颖度及实用性等。

图 8-4　某款宝贝详情描述

4. 突出卖点，给顾客一个购买的理由

挖掘产品的卖点并在宝贝描述中加以突出。每个卖点都是增强对买家说服力的砝码。宝贝描述中卖点越多，就越能吸引买家。该运动专营店对某产品的功能解析如图 8-5 所示。

图 8-5　某产品功能解析

5. 推动顾客尽快采取购买行动

当顾客已经产生了兴趣，但还在犹豫不决的时候，卖家需要推动其尽快购买。不要让潜在顾客有任何再考虑的机会。可以在宝贝描述中设置免费的赠品，并且告诉顾客赠送赠品的活动随时都有可能结束，让他尽快采取行动。

6. 通过建立信任，打消顾客疑虑

利用好买家的评价，并附加在宝贝描述里。放些客户好评和聊天记录，增加说服力，增强可信度。如图 8-6 所示，该运动专营店把买家对某产品的评价添加在宝贝描述页中，顾客在浏览宝贝的同时能够客观了解已购消费者对该款宝贝最真实的口碑。

图 8-6　某宝贝评价

（三）利用数字巧定价

要想经营好网店必须利用定价技巧对商品进行巧妙定价。其中一种成功率较高的定价方法就是非整数价格法，即使商品零售价格以零头结尾的定价方法。很多实践证明，非整数价格法确实能够激发消费者的购买欲望，获得良好的经营效果。例如，一件价值 10 元的商品，定价 9.8 元，就会激发消费者的购买欲望。采用非整数价格法并不是说价格中一定有小数，如本来价值 400 元，定价 399 元，也是非整数价格法的运用。如图 8-7 所示，该运动专营店将部分商品采用非整数价格法定价。

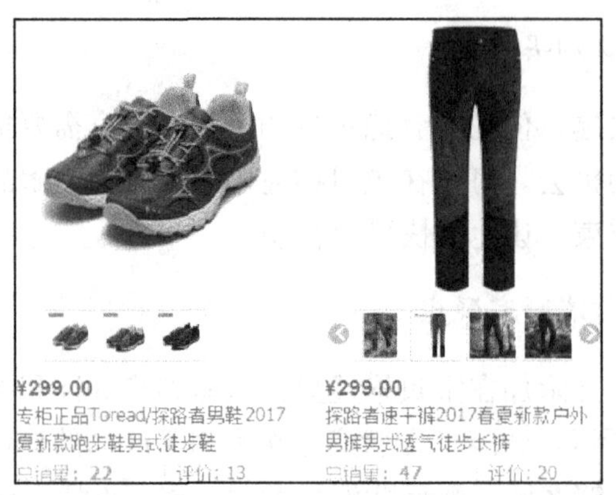

图 8-7　非整数价格法定价

（四）利用折扣定价，灵活经营

该运动专营店在前期准备阶段，根据不同的情况给供货商或者买家提供某种折扣，达到了扩大销售额、加快资金周转的目的。这种折扣定价并不是改变原有价格，而是使店铺经营变得更灵活。折扣有许多种方法，该运动专营店常用的有数量折扣、季节性折扣、运费折扣等。

1. 数量折扣

数量折扣是指根据买家所买商品数量来决定折扣比例的折扣方法。若达到规定的标准，则给予折扣，目的是鼓励买家多购买。数量折扣的总原则是购买的商品越多，折扣越多。

2. 季节性折扣

季节性折扣也称季节性差价，是指店铺为了鼓励买家在销售淡季购买商品而给予一定价格优惠的折扣方法。

3. 运费折扣

运费折扣是指卖家采用减让一部分运费或免运费来鼓励买家多购买商品的折扣方法。

总之，经营者要根据商品的特点，在不同的时期使用合理的折扣方法，达到增加买家购货概率的目的。

二、中期备战

1. 使用直通车推广

直通车是为淘宝网卖家量身定做的推广工具。其广告位极佳，在淘宝网多处位置显示广告，流量巨大。该运动专营店在中期备战阶段就利用了直通车这种强力的推广工具。

打开淘宝网首页，在搜索栏输入关键词“×××冲锋衣”，单击“搜索”按钮，在搜索结果页面右侧出现的 8 个竖着的“掌柜热卖”展示位就是直通车的展示位，如图 8-8 所示。

图 8-8 直通车展示

使用直通车的好处如下：

1）当买家主动搜索时，在最优位置展示宝贝，超准推荐给每一位潜在买家。

2）被直通车推广的宝贝，其曝光率大大提高，可以给卖家带来更多的潜在客户。

3）只有想买这种宝贝的人才能看到相应的推广，带来的顾客都是购买意向明确的买家。

4）直通车能给整个店铺带来人气，一次点击带来的可能是几次成交，这种连锁反应是直通车推广的最大优势，店铺人气会逐渐提高。

5）淘宝网或天猫商城会不定期推出由直通车用户专享的促销活动，卖家开通直通车后，可以报名形式参加各种促销活动。

2. 做网络广告

该运动专营店作为国内中小型服装品牌，其市场知名度较低，产品利润空间小，面临巨大市场压力。虽然该运动专营店曾尝试在多个平台投放信息流广告，但多数平台目标消费人群已被竞争品牌覆盖，难以找到合适的广告渠道，因此也很难开辟属于自己的充足网络流量。这一情况导致店铺难以提升日均出单量，广告投放收效甚微。为迎接“双 11”，该运动专营店面临着巨大的挑战。

该运动专营店希望精准触达目标消费群体，提高其主营商品的曝光量，带动品牌知名度的提升；同时也希望能够在高效控制广告成本的基础上，紧抓目标人群兴趣点，输出商品特点，获取品牌好感，进而提升户外用品日销量至千单，并高效控制广告成本。

基于此，该运动专营店采取了以下广告策略。

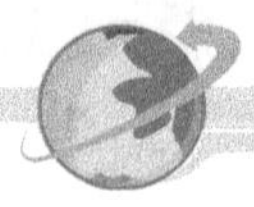

(1) 锁定目标用户选择广告位，带动品牌高效曝光

在制定广告投放策略时，与知名社交广告垂直行业重点服务商一起，对其过往销售数据进行分析，根据不同产品线面向的不同年龄段、拥有不同偏好的目标人群，选择相应的广告位投放广告。例如，针对 40～50 岁男性人群，投放 QQ 浏览器广告，而针对 20～25 岁人群，投放用户较为年轻的 QQ 空间广告，以此获得高质量的曝光效果，提升品牌知名度。同时，还借助知名社交广告的人群包扩展功能，基于店铺现有目标用户进行扩充，拓展出更多相似目标用户群体，并借助再营销人群定向，反复影响与广告互动过的人群，提高广告的销售转化率。

(2) 设计投其所好的广告创意，快速提升广告转化

根据自身商品特点，将广告目标人群锁定在二线、三线城市的 25～50 岁男性用户，并选择服饰、箱包、政法、教育等人群兴趣标签。依据该类人群对优惠商品接受程度高的特点，通过图片清晰地展示服装样式，制作以“买一送三”促销信息为核心文案的广告外层创意，突出产品舒适且实惠的优势，激发目标人群购买欲望，带动广告销售转化率提升。

其网络广告如图 8-9 所示。

图 8-9 网络广告

3. 节假日销售促销策略

假日期间的销售是一个很好的商机，会比平常的交易量高出许多。如何充分利用假日经济带来的契机做好促销，成了摆在广大淘宝卖家面前的重要课题。如图 8-10 所示为“双 11”的促销活动。

(1) 提前策划，有备而战

商场如战场，在假日促销之前，要有详细的规划、精密的组织、统筹的安排，这样才能运筹帷幄，占领先机。

针对假日的特点与网上买家的需求及目前的流行趋势来策划。策划的内容包括假日所针对的人群分析、活动如何宣传、以什么样的形式搞促销、备货的充足量、活动所达到的预期效果等重点。

另外，如果有时间和条件，可以装修美化店铺页面，给买家一种节日的气氛、一种新

的视觉。

图 8-10　节假日促销

（2）做好宣传与推广

还可以到一些人气旺的论坛里做宣传。不过宣传一定要遵守论坛的相关规定，不能乱发宣传帖，不然会被版主删除或引起买家的反感。

可以针对自己的商品写一些消费指南类的帖子，指导买家如何鉴别商品等，还可以到户外运动论坛发一些免费宣传的帖子。论坛有优惠商品区和促销活动区，在这里宣传是“合法”的，可大胆发帖。

如图 8-11 所示为某户外装备论坛的帖子。另外，每逢节日，各大论坛都会推出一系列的活动，如情人节、淘宝年货在线热卖会等，这些活动都要积极地参与，不但可以提升人气，宣传自己的店铺，而且有机会获利，利用利润可再投放广告。

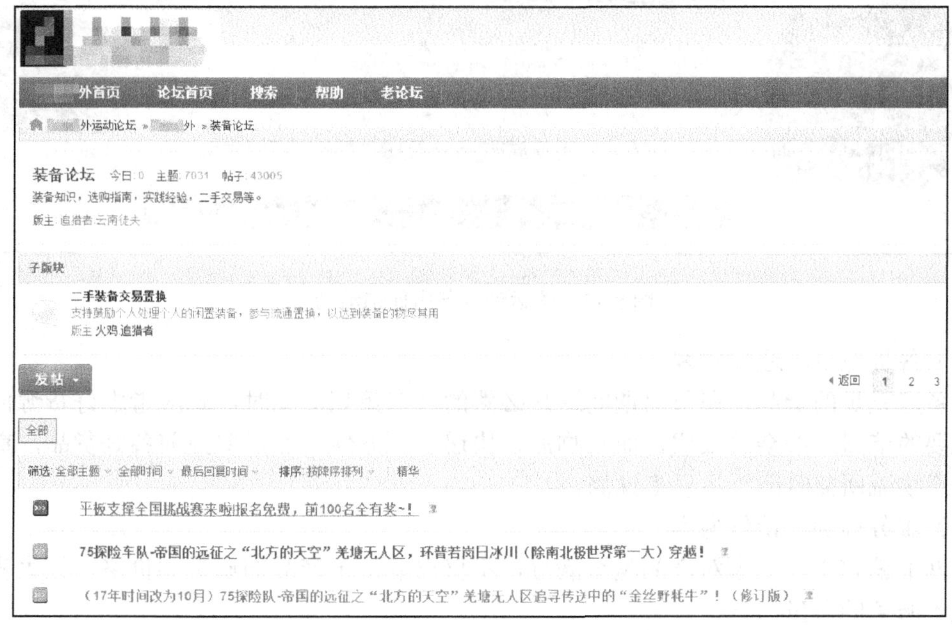

图 8-11　某户外论坛装备频道

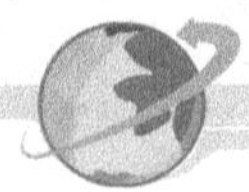

（3）商品促销，让利买家

商品促销策略有以下几种。

1）直接打折。例如“原价 300 元，现价 5 折 150 元销售”，这种打折的方式是最简单明了的，消费者也很容易理解。不管是店铺中哪一款宝贝，即便是遇上全店几折起的整店销售，就算不能在规定的 20 款折扣价格显示的宝贝里面，但是拍下后直接改价也是很多消费者较为容易接受的方式。

2）买一送一。全场任意选择一款宝贝，赠送另外一件宝贝，以价格最高的作为成交的最后金额。这种促销的方式取决于消费者的眼光，如果精明的消费者选择得当，就等于享受了差不多 5 折的优惠。

3）两件包邮。购买了一件宝贝后，发现再买一件就可以享受包邮的服务，必然会有再次购买的欲望。虽然这种折扣的力度不大，但是很多消费者还是愿意买单的。

4）满就送。例如满 100 元送 10 元优惠券，满 200 元送 20 元优惠券，满 600 元送 80 元店铺优惠券，这种方式就稍微有点讲究了。如果某款宝贝刚好 99 元，不符合优惠的条件，那就必须再选择另外一款累计起来才能享受优惠券的折扣了。

5）搭配套餐。例如，购买全场任意一件宝贝，加 37 元就可以送一件 100 元以下的宝贝，加 47 元就可以送一件 150 元以下的宝贝。类似这种方式就是以价格大的带动价格低的宝贝，更能拉动网店的销售量。据相关数据统计，这种方式是非常受消费者欢迎的。

如图 8-12 所示，该运动专营店此次“双 11”活动的促销方法为推出一些特价商品或者“买一送一”，限时领取 5～20 元的优惠券，赠送小礼品或是多件包邮等。这些促销活动可以为店铺聚集人气，提高买家的购买热情。

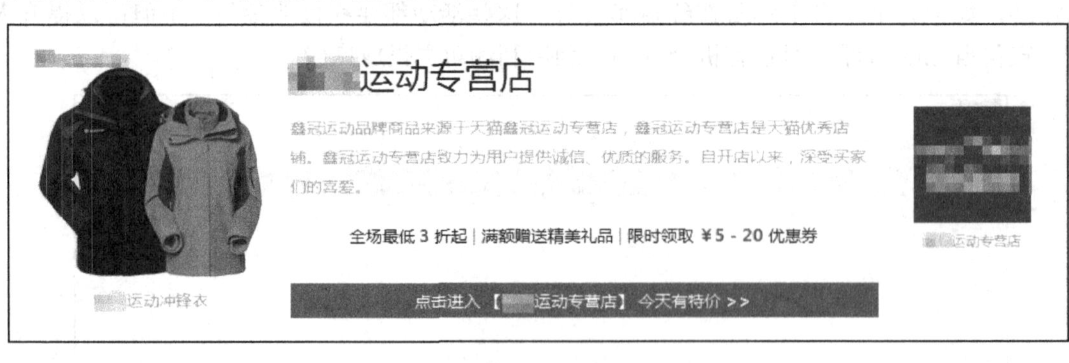

图 8-12　该运动专营店促销活动

（4）备货充足，迎接顾客

准备好充足的货品，在节日期间这是必然的。在策划活动时，就应考虑好货源问题。一些重要的节日一般会放长假，而且物流、快递也不方便。所以要提前备好货品，期间一定要考虑物流所需时间，尽量多预算。

（5）服务周到，诚信为本

在网上销售中，买家对产品是否满意，不仅仅取决于产品的质量和价格，很大程度上还取决于服务的质量。

服务应该包括售前服务、售中服务、售后服务，有买家咨询就要快速回复，即便只是

询问，没有购买意向，也要耐心解答，他很可能就是店铺的未来顾客。

（6）物流信息，提醒买家

节日期间，特别在长假期间，大部分的物流快递公司会休息，要及时了解所在地区物流快递公司的休息情况，最好是写在公告栏里，及时通知买家。

4. 利用微博推广店铺

微博营销是指商家或个人通过微博平台发现并满足用户的各类需求并为自身创造价值的一种营销方式。企业可通过更新自己的微博向网友传播企业信息、产品信息，以达到营销的目的，同时树立良好的企业形象和产品形象。

（1）微博营销的优点

1）操作简单，信息发布便捷。一条微博，只需要简单的构思，就可以完成一条信息的发布，节省了时间与精力。

2）互动性强，能与粉丝即时沟通，及时获得用户反馈。

3）低成本。做微博营销的成本比做论坛营销的成本低很多。

4）针对性强。关注企业或者产品的粉丝大多为本产品的消费者或潜在消费者。企业可以对其进行精准营销。

（2）微博营销的主要注意事项

1）尊重每一个用户，切勿引发争辩；针对用户的负面消息，不可贸然发表回复或者声明，应该先检索相关留言，了解情况后再联系相关用户。

2）信息一定要透明、真实，包括优惠信息或危机信息等。

3）微博语言要平易近人且通俗易懂，带有一定的情感。

4）不要只使用微博来推广该产品信息，可结合其他营销方式一起进行信息的推广，以收到更好的效果。

三、后期备战

在淘宝"双 11"活动结束之后，该运动专营店淘宝品牌持续增加推广，让活动结束才来得及下手的消费者仍能得到一些折扣；淘宝论坛、微博等的持续炒作，使消费者纷纷晒出自己当天的战果，给折扣的真实度予以实际的证明；自我曝光活动当天各时段的惊人交易额，各大媒体争相播报，引起各方舆论。活动虽然结束，但是人们的议论声却比活动前更加强烈了。这些活动都在不断地增强"该运动专营店"的品牌名气，也为下一季的促销活动打下基础。

该运动专营店逐渐摸清数据规律，更加了解自身产品的市场定位，从而针对目标人群的兴趣点投放广告，抢占高质量流量，获得大量曝光。"双 11"期间，不仅精准触达目标消费人群，收获大量曝光，还收获日均 1500 单成交量的销售转化效果，成交量比其他渠道高出 700%，远超预期。短短两个月时间，店铺累计出货 10 万单，营业额达 2000 万元。通过不断优化广告投放策略和运营能力，该冠运动专营店在广告投放半年内将广告投入产出比提升至 1∶3.3，订单获取成本比之前降低了 30～40 元。

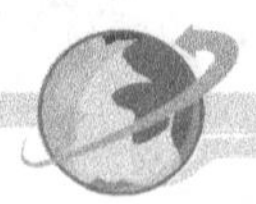

项 目 评 价

学生分组学习本项目，每小组 4～6 人。学完本项目后，各小组成员进行自评和互评；各小组组长将小组成员互评分汇总后算出平均分，作为小组评分；将自评分和小组评分结果交给任课教师，请任课教师打出教师评分。以上结果一并填入学习评价表，如表 8-1 所示。评分采用百分制，根据各项评分算出各列平均分。自评分、小组评分、教师评分分别占最终得分的 30%、30%和 40%，即最终得分=自评分平均分×30%+小组评分平均分×30%+教师评分平均分×40%。

表 8-1 学习评价表

学生姓名： 班级：

常规目标	分类目标	自评分	小组评分	教师评分	最终得分
知识目标	掌握网络营销的基础知识				
	掌握网络营销的作用				
能力目标	体会网络营销的魅力				
	根据实际案例利用网络营销手段完成网络营销推广				
	学会利用网络搜集信息，进行自主学习				
平均分					

参考文献

顾明，2015．网络营销实务[M]．北京：中国财政经济出版社．
李玉清，方成民，2007．网络营销[M]．北京：北京交通大学出版社．
刘蓓琳，2009．网络营销[M]．北京：航空工业出版社．
王艳霞，周艳红，2014．网络营销实战[M]．郑州：大象出版社．
许宝良，方荣华，2012．网络营销[M]．北京：高等教育出版社．